文明寻脉

大连
掌故

韩悦行/著

品读大连

大连出版社
DALIAN PUBLISHING HOUSE

图书在版编目（CIP）数据

文明寻脉·大连掌故 / 韩悦行著. —大连：大连出版社，2020.1
（品读大连）
ISBN 978-7-5505-1501-7

Ⅰ. ①文… Ⅱ. ①韩… Ⅲ. ①大连—地方史—掌故
Ⅳ. ①K293.13

中国版本图书馆CIP数据核字（2019）第266223号

WENMING XUN MAI · DALIAN ZHANGGU
文明寻脉·大连掌故

出版人：刘明辉
策划编辑：刘明辉　代剑萍　卢　锋
责任编辑：杨　钟
封面设计：汪安琪
版式设计：对岸书影
责任校对：王洪梅
责任印制：孙德彦

出版发行者：大连出版社
地址：大连市高新园区亿阳路6号三丰大厦A座18层
邮编：116023
电话：0411-83620490 / 83621075
传真：0411-83610391
网址：http://www.dlmpm.com
邮箱：1024460963@qq.com
印刷者：深圳市国际彩印有限公司
经销者：各地新华书店

幅面尺寸：170mm × 240mm
印　　张：18
字　　数：317千字
出版时间：2020年1月第1版
印刷时间：2020年1月第1次印刷
书　　号：ISBN 978-7-5505-1501-7
定　　价：148.00元

目录

人物春秋

文化掠影

名胜古迹

大连之始

历史风云

望海埚抗倭大捷

明朝初年，日本正处于南北朝分裂混战时期，战败的封建主组织武士、浪人和商人武装结伙骚扰我国沿海地区。辽东沿海物产丰富，常遭倭寇入侵。洪武二十年（1387）前后，倭寇四次侵扰金州，烧杀抢掠，无恶不作，给当地百姓造成重大损失。明廷对此极为重视。

永乐九年（1411）为加强海防、抵御倭患，明廷任命刘江为辽东总兵，镇守辽东。

刘江是宿迁人，本名刘荣，因替父刘江参军，人们也叫他刘江。刘江威武多谋，受明成祖朱棣器重，曾随成祖转战山东、河北。

刘江到任后，亲赴金州东南沿海视察防务。他在倭寇经常出没的地方发现望海埚（今亮甲店金顶山）高地是一个重要的战略险地。该地高旷，前面是一片低矮的丘陵和大海，后边有小黑山做依托。于是他决定在这里修筑城堡，屯兵把守，准备迎击来犯的倭寇。

关于这次抗倭大捷，清代谷应泰撰《明史纪事本末》有所记述，抄录如下：

（永乐）十七年（1419）夏六月，辽东总兵、都督刘江大破倭寇于望海埚。

先是，江巡视各岛，至金州卫金线岛西北望海埚上。其地特高广，可驻兵千余。询诸土人，云："洪武初，都督耿忠亦尝于此筑堡备倭，离金州城七十余里。凡寇至，必先经此，实滨海咽喉之地。"上疏请用石垒堡，置烟墩瞭望。上从之。一日，瞭者言："东南夜举火有光。"江计寇将至，亟遣马、步官军赴埚上堡备之。翌日，倭寇二千余乘海艏直逼埚下，登岸鱼贯行。一贼貌丑恶，挥兵率众，势锐甚。江令犒师秣马，略不为意。以都指挥徐刚伏兵于山下，百户江隆帅壮士潜烧贼船，截其归路。乃与之约曰："旗举伏起，鸣炮奋击，不用命者，以军法从事。"既而贼至埚下，江披发举旗鸣炮，伏尽起。继以两翼并进。贼众大败，死者横仆草莽，余众奔樱桃园空堡。官军追围之，将士奋勇，请入堡剿杀。江不许，特开西壁以待其奔，分两翼夹击之。生擒数百，斩首千余。间有脱走艏者，又为隆等所缚，无一人逸者。凯还，将士请曰："将军见敌，意思安闲，惟饱士马。及临阵，作真武披发状。追贼入堡，不杀而纵之，何也？”江曰：“穷寇远来，必劳且饥。我以逸饱待饥劳，固治敌之道。贼始鱼贯而来为蛇阵，故披发作此状以镇服之。所以愚士卒之耳目，作士卒之锐气。贼既入堡，有死而已。我师攻之，彼必致死，未必无伤。寇出，纵其生路，即‘围师必缺’之意。此固兵法，顾诸君未察耳。”事闻，上赐敕褒进，封江广宁伯，子孙世袭，将士赏赉有差……至是，为江所挫，敛迹不敢大为寇。

据历史记载，这次抗倭大捷明军斩首倭寇 742 人，生擒倭寇 857 人，倭寇无一逃脱。这次战役史称“望海埚抗倭大捷”。

这次大捷刘江立了大功，被封为广宁伯，将士们也都得了赏赐。从此倭寇再不敢入侵辽东，使得辽东海域出现了百年的安宁局面。当地百姓为纪念刘江，在望海埚的金顶山上修建了真武庙，并将其抗倭伟绩镌刻在石碑上。

今天，这里已辟为爱国主义教育基地，刘江的抗倭功绩将永远激励后人保家卫国。

毛文龙被杀

明天启元年（1621），辽东巡抚王化贞命令毛文龙率兵收复黄海北部诸岛。毛文龙出兵顺利，不久相继收复了广鹿岛、獐子岛、石城岛，然后登陆占据镇江（今丹东），活捉后金守将佟养真，毛文龙被晋升为参将（明代镇守边区的统兵官，位次于总兵、副总兵），驻守镇江。后来镇江失守，毛文龙退居到皮岛（又名椴岛，位于西朝鲜湾内），以此作为收复辽东的根据地。毛文龙在岛内组织难民，日夜操练，声势逐渐强大，牵制了辽南金、复、海、盖四州，又经常率兵袭击后金，为此他每年向朝廷请领 120 万两白银和若干粮食，作为军费开支。

第二年，毛文龙晋升为东江总兵，防守鸭绿江、三山岛、长兴岛和旅顺口一带，以遏制后金兵南下。他又多次委派都司（类今省驻军司令）张盘收复金州、旅顺口。天启四年（1624），毛文龙击败了后金将领金重德、太奈，三战三捷，杀敌 660 人，缴获大量马匹、军械，朝廷认为他孤守边区，屡建奇功，特授左都督（都督府为明朝最高军政机关，设左、右都督），赐蟒袍和大批银两、粮食。

崇祯元年（1628），袁崇焕督师辽东，他在宁远（今辽宁兴城）设立东江饷司，供应毛文龙的军饷，但毛文龙认为取饷不便，没有执行这个命令。袁崇焕又听说毛文龙手握重兵，骄傲自满，私建市场，谋取营利，收税养兵，据地自肥。袁崇焕多次派人前往核查他的军费开支，均遭拒绝。后来袁崇焕查出毛文龙领取的军饷多于兵员实数，于是他们之间的矛盾愈演愈烈，终于酿成枉杀的大错。

崇祯二年（1629）六月初五，袁崇焕来到旅顺口双岛，以观看将士射猎为名，邀来毛文龙。袁崇焕在军前突然斥责毛文龙说："将军的兵饷从宁远运取本来很方便，但为何将军一定要从登州、莱州领取兵饷呢？莫不是欺瞒皇上超额冒领？"没等毛文龙辩解，袁崇焕便令人夺去了他的冠带，将他捆缚起来。袁崇焕随即在众军前宣布毛文龙 12 条罪状，说：

> 尔有十二斩罪，知之乎？祖制，大将在外，必命文臣监。尔专制一方，军马钱粮不受核，一当斩。人臣之罪莫大欺君，尔奏报尽欺罔，杀降人难民冒功，二当斩。人臣无将，将则必诛。尔奏有牧马登州取南京如反掌语，大逆不道，三当斩。每岁饷银数十万，不以给兵，月止散米三斗有半，侵盗军粮，四当斩。擅开马市于皮岛，私通外番，五当斩。部将数千人悉冒己姓，副将以下滥给札付千，走卒、舆夫尽金绯，六当斩。自宁远还，剽掠商船，自为盗贼，七当斩。强取民间子女，不知纪极，部下效尤，人不安室，八当斩。驱难民远窃人参，不从则饿死，岛上白骨如莽，九当斩。辇金京师，拜魏忠贤为父，塑冕旒像于岛中，十当斩。铁山之败，丧军无算，掩败为功，十一当斩。开镇八年，不能复寸土，观望养敌，十二当斩。

袁崇焕宣布罪状完毕，便把毛文龙斩首了。大敌当前，袁崇焕本此举在客观上为后金军队消除了心腹之患，毛文龙部将耿仲明、尚可喜与孔有德投降后金后，明军大受挫折。后来袁崇焕也被后金的离间计所杀。

黄龙血洒黄金山

黄龙（？—1633）是明末辽东人（一说为南昌人），为人行侠仗义，文武双全。天启七年（1627），在锦州抗后金的战役中，他英勇杀敌，屡建战功，升为参将。崇祯三年（1630），在收复滦州的战役中，他身先士卒，立了首功，

显忠祠碑

升任东江镇总兵。

崇祯四年（1631），孔有德、耿仲明在山东叛乱，攻陷登州，祸及旅顺口和海上诸岛。叛军高成友占据旅顺口，黄龙派李惟鸾击败高成友，随后黄龙移军旅顺口。

叛军孔有德、耿仲明企图招降黄龙，在登州拘捕黄龙老母和妻儿，黄龙未从，慨然说：“大丈夫忠孝不能两全，无国焉有家为！”叛军竟然杀其老母和妻儿。崇祯六年（1633）二月，孔有德、耿仲明被明将朱大典击败后，带领万余人渡海北上，袭击旅顺口。黄龙率军打败叛军，杀敌千余人，取得旅顺口大捷，明廷下令嘉奖黄龙。五月，孔有德、耿仲明带领士卒两万人投降后金。皇太极将孔有德、耿仲明安置在辽阳，以对付旅顺口的黄龙。七月，孔有德、耿仲明设计将水军聚集在鸭绿江口，黄龙将旅顺口的水军全数发往鸭绿江口，围剿孔有德、耿仲明的水军。孔有德探知旅顺口兵员尽出，城内空虚，便向皇太极献计，攻打旅顺口。皇太极派贝勒岳托和德格类统率八旗马步万余人，孔有德、耿仲明为先锋，直指旅顺口。黄金山下成了双方交锋的战场。黄龙以固守旅顺口为己任，浴血奋战，英勇拼杀，突围不成，拔剑自刎，同死者有部将李惟鸾、项祚临、樊化龙、张大禄、尚可义五人，这一天是农历七月十四日。

明廷为表彰黄龙保卫旅顺口的英雄业绩，追赠黄龙为左都督，赐祭葬。清乾隆四十一年（1776）下诏特赐黄龙谥“忠烈”，修坟墓，建显忠祠，李惟鸾等五人附祀。光绪十三年（1887）修筑旅顺口军港，海防兵备道台刘含芳发现黄龙墓。据传旅顺黄龙墓在黄金山东麓海岸，修筑军港欲用其土，将掘及墓，坍塌几于不见，黄龙夜寄梦于道台刘含芳曰：“余前明黄龙将军也，战殁，盟军人瘗骨骸于此，请勿侵陵。”细察已有古墓数冢，道台因遣人合筑一大冢，刻石以志；外围以墙。该碑系刘含芳于光绪十五年（1889）修建旅顺北洋海军军港时所刻。碑文如下：

樊公讳化龙
尚公讳可义
明故　左都督黄忠烈公讳龙　之墓
李烈愍公讳惟鸾
张公讳大禄
项公讳祚临

二品衔直隶按察使司按察使建德周馥
头品顶戴四川提督二等轻车都尉世袭格洪额巴图鲁蓬莱宋庆
头品顶戴北洋海军提督西林巴图鲁庐江丁汝昌
二品衔署理直隶海军关兼管海防兵备道贵池刘含芳

皇清光绪十五年正月丙寅朔修建

光绪十九年（1893）五月，刘含芳为旅顺显忠祠立碑。碑记如下：

前明崇祯六年癸酉七月十四日，我朝以兵取旅顺，明故岛帅黄公龙、部将李公惟鸾、尚公可义、项公祚临、张公大禄、樊公化龙均战殁于黄金山麓。乾隆四十一年，特诏予谥黄公"忠烈"、李公"烈愍"，建祠旅顺，尚、项、张、樊诸公咸附祀焉，旌其祠曰"显忠"。光绪八年壬午，含芳奉钦差大臣督办北洋海军、太子太傅、文华殿大学士、直隶总督部堂、一等肃毅伯李，委驻旅顺办理海防，寻其故迹，而岁久祠湮。丁亥年春，金州绅士知县乔君有年，指寻诸忠墓所，因合同人封土勒碑，每岁清明日，以牲牢祭于墓道，而祠宇缺然。戊子仲夏，含芳捐廉于三官庙西，建祠一楹。每岁七月十四日，同人虔备牲牢为之祠祭，以彰忠荩而永皇仁。是为记。

后来俄、日帝国主义相继占据旅顺口，墓祠均被平毁。该遗址现已辟为爱国主义教育基地。

他例行检阅旅顺口驻防海、陆军，后三次亦赴大连湾查看炮台。

在北洋舰队的创立、旅顺口军港和大连湾炮台群的开发与近代化建设过程中，李鸿章作为决策者和组织领导者，起到了不可替代的重要作用。但是由于清政府的无能和指挥不当，北洋舰队在中日甲午战争中最终被日本联合舰队所消灭，旅顺口军港和大连湾海防炮台群也相继沦陷于日军之手。

黄海大战显忠魂

邓世昌（1849—1894），原名永昌，字正卿，广东番禺人。少年时曾向英国人学习英文和自然科学。性格坚毅，志向远大。

邓世昌

同治六年（1867），邓世昌入福建船政学堂学习，成绩优秀，专长于测量和驾驶。

同治十年（1871），邓世昌开始在“建威”舰实习，巡航南洋各岛，不久，提升为该舰管带。

光绪元年（1875），邓世昌先后调任“海东云”和“飞霆”等炮舰管带。针对日本海盗经常出没在台湾、澎湖等地进行骚扰的状况，邓世昌率“振武”舰捕捉海盗。

光绪八年（1882）夏，邓世昌随丁汝昌率舰至朝鲜仁川平定兵变，因作战有功，破格升任游击，赐号“勃勇巴图鲁”，任“扬武”舰管带，往来天津、朝鲜之间，不久擢升参将。

光绪十三年（1887）8月，奉命同叶祖珪、林永升、邱宝仁等赴英、法接收订购的“致远”“靖远”“经远”“来远”四舰，邓世昌任四舰营务处副将衔参将兼“致远”舰管驾。翌年4月，邓世昌率“致远”等四舰安全抵达天津。不久，邓世昌为“致远”舰管带，以副将补用，并加总兵衔。同年9月，北洋海军正式成立，授邓世昌为中军中营副将，仍管带“致远”舰。

光绪二十年（1894）爆发了中日甲午战争。9月15日，北洋水师提督丁汝昌奉命率北洋舰队从大连湾起航，护送运兵船到大东沟。任务完成后，17 日上午返航回旅顺口。此前日本联合舰队司令海军中将伊东祐亨早已查明了这一情况，于是在 14 日率舰队从仁川港出发，15 日到达大同江口，17 日上午驶进黄海北部大鹿岛海域，等待同北洋舰队交锋。

17 日 12 时 50 分，中日双方舰队相遇，日本蓄谋已久企图击垮北洋舰队的黄海大战爆发了。战斗开始，北洋舰队 10 艘战舰列成“人”字阵形，日方 12 艘战舰采用“一”字阵形，用两翼包抄的战术，置北洋舰队于左右受敌的劣势。

海战开始不久，丁汝昌的旗舰“定远”舰被炮火击中，帅旗损毁，丁汝昌受重伤，整个舰队陷入失去指挥的危境。“致远”舰管带邓世昌指挥作战，最先冲入敌阵，向日本旗舰“松岛”号和主力舰“吉野”号发起猛攻，发炮百余发。日舰发现“致远”舰孤立无援，便集中 4 舰围攻“致远”舰，“致远”舰多处中弹，邓世昌左腿受伤，舰体倾斜，此时恰与“吉野”舰相遇。他对大副陈金揆说：“敌舰专恃‘吉野’，苟沉是船，则我军可以集事。”于是开足马力全速向“吉野”舰冲去。邓世昌临危不惧，坚决勇敢，极大地鼓舞了全舰官兵誓与“吉野”同归于尽的决心。就在即将撞及“吉野”舰时，“致远”舰不幸突中鱼雷，即刻沉没。全舰官兵除 7 人获救外，其余 250 人壮烈殉国。

邓世昌坠海后，随从刘忠跳入海中送给他救生圈，他不用，大声说：“阖船俱没，义不独生！”仍复奋掷下沉，消失在大海之中。他的爱犬紧紧咬住主人的衣袖，不让他下沉。邓世昌挥手驱赶，爱犬又衔住他的发辫，但他已下定“义不独生”的决心，狠击狗脖，逼它离开，然后自沉大海。爱犬衔着主人的花翎帽，恋恋不舍地徘徊环游，后被救起。

邓世昌为人刚正不阿，深为将士所尊敬，在海战中他忠实地履行了自己“如有不测，誓与舰同沉”的誓言，是中国海军军人的楷模。

事后，为表彰邓世昌的功绩，清廷破格将本是总兵衔的邓世昌“照提督例议恤，追赠太子少保，赐祭葬，并袭骑都尉职，谥壮节，入祀京师昭忠祠”。光绪皇帝撰挽联：“此日漫挥天下泪，有公足壮海军威。”又为邓世昌写祭文、碑文各一篇。清廷封邓家三代一品俸禄；光绪二十一年（1895），皇帝重赏邓家白银 10 万两；光绪二十三年（1897），皇帝重赏邓母用 3 斤黄金制成题为“教子有方”的金匾。

日军登陆花园口

中日甲午战争爆发后，担负进攻旅顺口任务的日本第二军经过反复侦察和争论，最后决定在庄河县城西南的花园口登陆。

花园口面临黄海，背倚丘陵，是一个普通的小渔港。这里悬崖陡峭，地势险要，涨潮时水深 3 米，自古就是海防要地，唐兵征战辽东就在这里登陆，这里也是明朝防倭的重要据点。

1894 年 10 月 24 日凌晨，日本第二军主力即第一师团乘船到达花园口近海，8 时开始登陆。数十艘汽艇各牵引三四只舢板，承载数百名日军强行登陆，11 月 1 日，第一师团全部登陆完毕。混成第十二旅团于 10 月 30 日开始从朝鲜仁川出发，到 11 月 6 日陆续被运到花园口。这次登陆前后费时约半个月，共登陆 24049 人，马 2740 匹。其间没有遇到清军的任何阻击。登陆后的日军立即在附近村屯建立据点，并向各处派出侦察兵和间谍刺探军情。工兵开始修筑行军道路，在碧流河架设军用桥。

驻守大连湾的清军将领赵怀业得知日军在花园口登陆的消息后，急电李鸿章和盛京将军裕禄及北洋沿海水陆营务处会办龚照玙，请求派北洋舰队来增援金州、大连湾。李鸿章回电斥责赵怀业等人说："倭匪尚未过貔子窝而南，

中日甲午战争时日本侵略军在花园口登陆

汝等只各守营盘，来路多设地雷埋伏，并无守城之责。旅顺兵单，同一吃紧，岂能分拨过湾，可谓糊涂胆小！”

日军在花园口登陆后，便向金州进犯，10 月 29 日占领貔子窝，11 月 6 日攻占金州，7 日攻占大连湾，21 日攻占旅顺。至此，日军完成对旅顺口军港和大连湾军事要地的占领。

日谍的覆灭

1894 年中日甲午战争前夕，日本军部为刺探清军驻防情况，责令其间谍头目根津一（1860—1927）大尉组织一批训练有素的谍报人员，随第二军登陆，派赴辽南各地。

根津一精通汉语，熟悉中国，他和荒尾精在上海组建了间谍机关——日清贸易研究所，积极培训间谍，深入中国城乡，搜集各种情报，为日军侵华做准备。甲午战争爆发后，日本军部任命他为日本陆军第二军参谋，专门从事谍报活动。他从自己的学生中选拔出 6 人，即山崎羔三郎、钟崎三郎、藤崎秀、大熊鹏、猪田正吉、向野坚一（前三人因名中都有“崎”字，所以被称作“三崎”），组成一个谍报小组，企图在金、旅、复一带搜集情报。他们都通晓汉语，熟悉中国民情，并有间谍活动经验和死心塌地效忠天皇的决心。

日本第二军司令官大山岩非常重视他们的工作，在登陆前特别接见他们，并给予鼓励。第一师团长山地元治，这个制造旅顺大屠杀的元凶，激励他们为天皇效力。第一师团参谋长大寺安纯反复强调：此行责任重大，一定完成任务。根津一代表司令部为他们举杯饯行。军部为了把他们乔装打扮成中国百姓的样子，还在花园口的海面上抓住几名中国渔民，剥下渔民的衣裤，穿在他们的身上，并编好长辫。他们在 10 月 24 日先后离船登陆上岸。

山崎羔三郎 1893 年便潜入朝鲜，冒充华侨药商刺探军情，获得成功，深受赏识。登陆后第二天，他在貔子窝被清军巡逻兵捕获。钟崎三郎战前曾在山东、河北一带做过情报工作，受到日本军部的嘉奖。登陆后第三天，在离碧流河约 2 公里处被清军哨长黄兴武捕获。藤崎秀曾任日军第一师团的翻译，受到参谋长的器重，登陆后第五天在碧流河附近为当地人所捕。这三个间谍被清军押送到金州副都统衙门，经副都统连顺审问，报请盛京将军裕禄核准，于 10 月 31 日午夜，在金州城西门外的草地上被处斩。猪田正吉和大熊鹏登陆后东行，在大孤山的路上被清军捕杀。向野坚一在碧流河一带被捕，在路上，以银圆收买押送人得以逃脱。他先后在复州、金州一带活动，为日军提供了重要情报，他是此次派出的六个日谍中唯一生还的。

当时的金州衙署曾在城内关帝庙的门上贴出布告，上书“倭寇奸细，潜入甚多，往来严视，捕拿重赏”。由此可见，金州地方政府和清军官兵对日谍的潜伏破坏活动是早有预料的，并保持高度的警惕，因此日军此次派遣的六个间谍登陆后不久便全被中国军民捕捉，除一个逃脱外，其余均受到严厉惩处。

徐邦道奋起抗日

1894 年，中日甲午战争爆发，徐邦道（？—1896）奉命调防大连湾，招募新兵。

10 月 24 日，日军在庄河花园口登陆，直扑金州、旅顺。徐邦道等急电李鸿章请求援军，李鸿章回电斥责他们“糊涂胆小”。徐邦道对旅顺诸将道：“金州若失，则旅顺不可守，请分兵御之。”由于诸将各不统属，无一响应，坐视不问。金州副都统连顺只有制兵一营，兵力甚为单薄。徐邦道独自率领拱卫军三营和马队一营、炮队一营，开赴金州御敌。

徐邦道

徐邦道深感兵力不足，主动向驻大连湾守将赵怀业请求援兵。赵怀业说：“我奉中堂令，守炮台，不与后路战事；汝辈欲往貔子窝拒敌，须请令方可！”最后赵怀业只派步兵两哨随徐邦道去金州。徐邦道率部在金州东石门子构筑工事，凭险阻敌。

11 月 5 日，日军第二军第一旅团长乃木希典少将指挥两个大队向徐邦道拱卫军阵地发起攻击，徐邦道凭垒据守，指挥将士奋勇反击，激战三个小时，击伤日军第二大队副官大野尚义，打退日军多次进攻。下午 4 时日军再攻，又被击退。次日凌晨，日军用大炮猛击拱卫军据守的阵地，激战两个小时，清军伤亡甚多，兵单难支，军情急迫。徐邦道向赵怀业求援被拒绝。拱卫军腹背受敌，放弃阵地后退。

11 月 15 日拂晓，徐邦道不顾金州新败、将士疲惫，决定在日军进犯旅顺的道路上组织埋伏，袭击敌人。拱卫军在旅顺口土城子一带设防包围日军骑兵搜索队。徐邦道率军奋力出击，打退了日军，首战告捷，鼓舞了士气。17 日，徐邦道同姜桂题、程允和率马、步军 5000 人，再往土城子迎战，18 日在土城子附近包围了日军骑兵搜索队，给日军以重创，打得日军连尸体都来不及收拾，向营城子狼狈溃逃。土城子反击战是甲午战争爆发以来清军的首次胜利，击毙小队长中万德次以下 12 人，击伤步兵中尉三谷仲之助、骑兵大尉浅川敏靖等 30 多人。

11 月 21 日，日军进犯旅顺口，徐邦道率军守卫鸡冠山堡垒。他冒着弹雨，身先士卒，指挥将士同进犯的日军进行顽强的战斗，拼死守卫阵地，击毙大队长少佐花冈正贞和日兵多人。这时日军已攻破椅子山、松树山、二龙山诸堡垒。徐邦道孤军难守，被迫退入城区。午后日军占据旅顺口后路各堡垒，突入城区，双方进行艰苦的巷战，清军死伤惨重。入夜，徐邦道、张光前、程允和等将领沿南关岭北撤，旅顺口陷落。

1896 年，徐邦道背生痈疽不治，死于辽阳。

陈宝财和“红枪帮”

陈宝财，祖籍河南。他的父亲曾参加过太平军和捻军，在战斗中牺牲。后来，他随同母亲和叔父逃难到山东，接着又辗转到金州曲家村落户，以种地为生。他自幼聪明伶俐，并练就一身好武功，经常同村里的青年切磋武艺。

1894 年中日甲午战争爆发，10 月 24 日，日军从庄河花园口登陆。不久日军进犯貔子窝，到处烧杀抢掠，陈宝财基于民族义愤，便把当地的青年组织起来，成立了“红枪帮”，以红缨枪为战斗武器，操练习武，伺机杀敌。

11 月 3 日，日军斋藤德明少佐率领日本第二军步兵第十五联队、骑兵第一中队和工兵第一大队向金州亮甲店、陈家店、刘家店一带进犯。陈宝财得到消息后，立即率领 44 名“红枪帮”的勇士埋伏在金州城东凤凰山下的落凤沟内。待到日军临近时，陈宝财乘敌不备，突然率众向日军袭击，打得敌人措手不及，打死日军 10 余人。后来敌人调来人马进行围剿，步步紧缩包围圈，“红枪帮”的勇士们被压缩在极小的范围内。敌人对他们进行远距离的射击，陈宝财带领勇士们英勇抗击，但是没有长枪武器进行反击，最终全部战死在落凤沟。

战后，当地百姓为缅怀抗日牺牲的“红枪帮”勇士们，为他们特别树立了功德纪念碑。

阎世开怒笔斥敌

阎世开（1857—1894），字梅一，号绶廷，大连南关岭三道沟人。抗日爱国志士。出生于家境清贫的诗书门第。其父阎学典，一生致力于乡里私塾教育，除教授传统教材外，还自编《乡里庄户杂字》。

阎世开自幼聪明好学，博览群书，人品学识颇类其父。成年后承袭父业，全心从事乡村私塾教育，并以身示范，因材施教，名扬四方，为乡人所敬重，村民纷纷将自己的孩子送来就学。阎世开对贫困子弟免收学费，尽力周济。课余常给学生讲“岳母刺字”“包公执法”“文天祥爱国”等历史故事，潜移默化地进行爱乡土、爱国家的教育，以唤起学生的民族意识，强调读书为了报国。

阎世开墓碑

1894 年中日甲午战争爆发，日军攻占金州、大连湾。11 月 9 日阎世开正欲去南关岭教书，被日军所俘。日军师团长见阎世开仪表不俗，认为必是地方名士，便佯之以礼，并以重金相诱，让其指出至旅顺口的山川地势和行军路线，阎世开听后怒发冲冠，严词拒绝。日军不解汉语，但文字相通，先生便伸纸提笔，慷慨疾书，怒斥其侵略暴行。日军继以战刀相逼，阎世开面无惧色，顺手拾起石砚朝日军砸去。日军恼羞成怒，将其拥至该村西山麓残酷杀害。

后人张之汉，字仙舫，时任东三省盐运使。闻知此事，深为阎世开的爱国节操和视死如归的伟大精神所感动，认为他是“奇士”，其笔“可以撑天地、泣鬼神”，特作《阎生笔歌（并序）》，云：

> 生名世开，字梅一，籍金州，振奇士也。甲午中东之役，州陷敌，民率避兵去，生独落落戎马间，怀奇蓄愤，欲有所伸。敌军方窥旅顺，阻山崄，募向导，谓生可。贿以金，不从，胁以刃，益怒骂。敌不解华语而文同，辄抽笔伸纸，所书皆忠愤之词。剑槊齐鸣，笔走不辍。敌怒，遽拥出山麓，剖心肝以死。噫！阎生此笔可以撑天地、泣鬼神矣！因为作歌：
>
> 在秦张良椎，在汉苏武节。
> 奋椎难击博浪沙，抗节岂比胡天雪。
> 非椎非节三寸毫，竟凭兔颖探虎穴！
> 饮刃宁惜将军头，振笔直代常山舌。
> 头可断，舌可抉，刃可蹈，笔可折，
> 凛凛生气终不灭，吁嗟阎生古义烈！
> 阎生著籍辽海东，系心家国身蒿蓬。
> 策卫喜读剑侠传，斩蛇恨无隆准公。
> 海国无端腾战雾，天堑鸭江竟飞渡。
> 席卷已下金州城，毡缒更觅阴平路。
> 识途马老用阎生，冲冠义愤岂能平！
> 直将易水悲歌气，激作渔阳挝鼓声。
> 阎生发冲敌目笑，不解华言舌空掉。
> 抽笔愤书忠义词，飞雪刀光迸出鞘！
> 刀边骂敌怒裂眦，掷笔甘就刀头死。
> 心肝攫出泣鬼神，淋漓血染山凹紫！
> 呜呼！
> 皇朝圣武开神皋，鼓鼙将帅思贤劳。
> 九连城头将星落，颓军断后谁盘礴？

东南铜柱沉江涛，太阿倒柄凭人操。

十万横磨岂不利，一割无用同铅刀。

胡为乎！

刀围大帐笋锋密，挺然独立阎生笔！

在南关岭中沟村一处果树园里，原来立有“阎世开先生之墓”汉白玉石碑，以供后人瞻仰、凭吊，现迁至乔山公墓。

克里曼披露旅顺大屠杀

克里曼（1859—1915）是美国纽约《世界报》的随军记者，日军旅顺大屠杀的目击者，向西方披露日军野蛮大屠杀的第一人。

1894 年 11 月 22 日，是日军旅顺大屠杀的第二天。他从旅顺向美国纽约《世界报》发出战地通讯，详细地披露了日军大屠杀的真相，引起世界舆论的关注。他在通讯中这样写道：

……全境百姓尽为日人残杀，日军连日屠戮手无兵器、非抗敌之居民，多至无数，残体死尸堆满街衢。我目下执笔之际，仍闻枪弹之声。

……我见一人在日兵前叩头乞命，日兵一手以刺刀插入其头于地上，一手以军刀斩断其身首。一人潜身于墙角，一队日兵放枪弹碎其身。一老人跪于街中，日兵斩之为两断。一难民爬上屋脊亦被射杀。一人从房上跌落街心，日兵以枪刺刺其 10 余次。我居处附近医院悬有红十字旗，日军仍对由内而出的百姓枪杀……

日兵由屋内拉出惊恐万状之人，或用枪杀，或用刀砍，以致尸身分数段。日兵踏过尚能颤动之尸，闯入室内抢掠财物，肆无忌惮，毫无廉耻……第二日仍全日屠戮，我所目睹之被杀者已达数百人之多，仅一条路街就横尸 227 具……

克里曼的报道使旅顺大屠杀的真相大白于天下，在国际上引起极大震动。日军暴行遭到许多学者的斥责：“日本是披着文明的皮而带有野蛮筋骨的怪兽。日本今已摘下文明的假面具，暴露了野蛮的真面目。”而以伊藤博文为首的日本政府采取颠倒黑白、歪曲事实的手法，对大屠杀予以否认。这更证实了克里曼的报道切中要害，揭露了大屠杀的真相。

阎福升誓死抗俄

阎福升（1840—1907），原名培元，字锡三。大连金州人，原籍山西太原，汉军镶黄旗。父亲阎邦鼎任户部郎中（五品）。兄弟四人，福升为长。

阎福升自幼知书识礼，擅长骑射，以行伍起家。曾出任校佐、金州佐领（四品）。甲午之役，历尽艰难，恪尽职守，抗击日寇。战后擢任金州左翼协领兼摄驻防十二旗佐领事，积极筹划善后，安定民生，恢复生产。1896 年起任护理金州副都统（即代理金州副都统）。

当时沙俄企图霸占旅大。1898 年，沙俄胁迫清政府签订《旅大租地条约》和《续订旅大租地条约》，按条约规定，金州由清政府自行治理，仍属奉天省管辖，不属租借地。而沙皇认为金州由清政府自行治理妨碍对“关东州”的统治，于是在 1900 年 6 月，沙俄关东州总督阿列克谢耶夫命令外交专员科罗斯托维茨、外交办事处秘书季杰曼和罗索夫大尉来金州面见地方官员，

阎福升故居

企图签订一个协定，将金州划入租借地，但是遭到阎福升等人的坚决反对，阴谋没有得逞。俄方恼羞成怒，终于在7月，民政专员格罗姆切夫斯基上校率俄军占领金州城，同时以中国官吏勾结义和团为借口，将护理金州副都统阎福升、协领富伦、海防同知马宗武、训导王奉琛、巡检汤询等中国官员押往库页岛。

阎福升临行前对家人说："吾个人生死无足惜，为国捐躯乃吾之分内事也，尔等毋为吾忧！"囚禁期间，俄国当局对他进行胁迫、恫吓，他决不屈服，将生死置之度外，表现出一位爱国官员的凛然正气，直到1901年9月《辛丑条约》签订后，才得以回国。

阎福升经常救济生活贫困之家，灾荒之年更是不遗余力出资捐助，为乡民做了许多好事。甲午战争之后为解决军粮不足的问题，他曾动用家资以充军用。当时有人立碑赞扬他：其不畏义死，不荣幸生，大节凛然而不可夺，可谓铁中铮铮者也。其艰苦卓绝之操，足以风当世焉。

1907年9月，阎福升病逝。其故居后来被辟为小学校舍，现已列为市级文物保护单位。

关东州

1898年3月27日，沙俄强迫清政府在北京签订了《旅大租地条约》（简称《条约》）。《条约》规定：沙俄租借旅顺口、大连湾25年；旅顺口为军港，只许中、俄船只使用，租借地内行政由沙俄官吏管理；沙俄有修筑中东铁路支线特权。同年5月7日，沙俄又强迫清政府在圣彼得堡签订《续订旅大租地条约》（简称《续约》）。《续约》规定：租借地北界从辽东半岛西岸亚当湾（即普兰店湾），东至貔子窝湾一线；租借地以北划一"隙地"，行政权属中国，但未经俄方许可，中国军队不得进入；金州城由清政府自行治理；中东铁路支线终点为旅顺口和大连湾和海口。

1899年8月，沙俄颁布《暂行关东州统治规则》。沙俄单方面将租借地命名为"Квантунская область"，即"关东州"。"州"是沙俄边疆地区的行政建制，和"省"同级。"关东"是汉语的音译，中国近现代，"关东"主要指山海关以东地区，即东三省。旅大租借地地处东三省南端的辽东半岛，沙俄以"关东州"命名，意在宣告辽东半岛为沙俄新的边疆领土，又隐含着新领土将扩展到整个东三省的野心。沙俄是“关东州”一词的始作俑者。

根据《暂行关东州统治规则》，关东州处于阿穆尔总督管辖下，同后贝加尔州、阿穆尔州、滨海州、堪察加州、库页岛并列。在旅大地区设立关东州，州厅设在旅顺，下设民政部、财政部、外务部等统治机构。其州厅首脑是关东州厅长官兼任关东陆军司令官、太平洋分舰队海军司令官。关东州设立金州、貔子窝、亮甲店、旅顺、岛屿 5 个行政区和金州、貔子窝、旅顺 3 个市。1899 年 8 月，沙俄将“青泥洼”改名为“达里尼特别市”。1900 年 7 月，沙俄派兵突袭金州，逮捕了金州中国官吏，押送至库页岛做苦役。从此旅大地区完全被沙俄占据。1903 年 8 月，沙俄在旅顺设置远东总督府。关东州仍下设三市五区。达里尼特别市下辖 3 个区：老虎滩区、沙河口区、市街区。1904 年日俄开战，5 月，远东总督府由旅顺迁至奉天（今沈阳），同年 10 月撤回俄国。

1905 年，沙俄败北，日本接替沙俄在旅大实行殖民统治，同时沿用了“关东州”这一名称。

1906 年 9 月，关东都督府于旅顺成立，除掌管旅大租借地和满铁（即南满洲铁道株式会社）附属地的行政权外，还有军事指挥权。关东都督府内设长官官房及陆军、民政两部，下设大连、旅顺、金州 3 个民政署。

1919 年 4 月，废止关东都督府建制，改设关东厅，将原关东都督府中的陆军部分离出去成立关东军司令部，关东军司令部“九一八”事变后迁往长春。将原民政部改为关东厅，设关东厅长官，内设事务总长、民政部长、外事部长；下设大连、旅顺民政署，后增设金州民政署，下设貔子窝、普兰店支署；1924 年又改为二署，即大连旅顺民政署。

1925 年 6 月，关东厅地区实行会制，民政署下置 64 个会，会下设屯。1930 年 10 月，民政署内警、政分治，另建大连、旅顺、金州警察署，同时改立 5 个署：大连、旅顺、金州、貔子窝、普兰店民政署。

1934 年废除关东厅，设关东州厅，内设内务、经济、警察 3 个部。关东州厅辖 5 个民政署，即大连、旅顺、金州、貔子窝、普兰店民政署。此外，还管辖大连、旅顺 2 个市。1937 年 6 月 1 日，关东州厅由旅顺迁至大连新址（今大连市政府址），同年 12 月撤销大连民政署，设大连市。1938 年 4 月，关东州厅市建制改为二市四署。即大连市、旅顺市及旅顺、金州、普兰店、貔子窝民政署，直至 1945 年 8 月 15 日日本投降。

“关东州”是沙俄、日本对旅大实行殖民统治时的特殊地域称谓，1945年8月，随着日本战败投降，满载着民族耻辱的“关东州”这一称谓也跟着一并消亡了。

南满洲铁道株式会社

1905年日俄战争结束后，日本根据《朴次茅斯和约》的规定攫取了旅大租借权和从长春到大连的铁路及其所属的一切财产和权利。就在日俄进行谈判之际，美国铁路大王哈里曼向日本政府提出收买南满铁路方案。日本政府因战争使经济陷入困境，所以对此提案很感兴趣，并签署了备忘录。从朴次茅斯谈判归来的外务大臣小村寿太郎听到此事甚感震惊，他认为日本政府首脑并不懂得南满铁路的重要性，因而绞尽脑汁说服了日本政府和政要，终于保证南满铁路留在日本手里。1906年，日本政府成立南满洲铁道株式会社（简称“满铁”），本社设在大连市，在东京设支社。这是日本侵略东北的重要机构。

满铁接受日本政府的监督，其负责人由天皇决定，政府任命。满铁初创

南满洲铁道株式会社本社

时设立了5个部——总务部、调查部、运输部、矿业部、地方部，后来随着业务的拓展，机构不断扩大，至日本战败前夕，满铁的组织已相当庞大，控制整个伪满洲国的交通运输，对伪满洲国的统治起着举足轻重的作用。

初期，满铁为了垄断东北南部的运输，对长大线进行改轨和铺设复线；改建安奉线和建设鸭绿江大铁桥；兴建大连沙河口铁道工场；增设驿站；营建大连港和大连汽船株式会社；修建甘井子煤炭码头；承接大连福昌华工株式会社；经营抚顺煤矿；创建鞍山制铁所。它在东北经营各种企业和事业，其投资额占日本在东北投资额的半数以上。

满铁积极参与侵占东北的罪恶活动，组织“满洲青年联盟”，大造侵略舆论。满铁总裁是“九一八”事变的谋划者和参与者。满铁积极配合关东军的军事活动，全力发挥军事运输的重要作用，保证关东军作战计划的实施和“大陆政策”的推行。如果没有满铁的支持和配合，关东军要在短时间内侵占东北是不可能的，所以满铁得到了日本军部和关东军的嘉奖。

1935年，日本以1.4亿日元收买了苏联控制的中东铁路北段，从此东北的铁路全部操纵在满铁手中。1939年，满铁又经营起华北的铁路、公路、水路和其他各种企业。太平洋战争爆发后，海上运输困难，满铁加快铺设从朝鲜汉城经奉天至山海关的复线铁路工程。

1907年，满铁成立调查部，后发展为拥有2000多人、遍布中国和欧美的情报调查机构；同年又成立了图书室，1922年改称满铁大连图书馆，收藏书报近百万册，是东北最大的图书馆；1910年，承接大连中央试验所，专门从事对东北物资的研究。上述三大机构都是为侵略战争服务的。

满铁是日俄战争的产物，是日本侵略东北的重要工具，随着日本战败投降，满铁也自行解体了。

“满蒙独立运动”

爱新觉罗·善耆（1866—1922），字艾堂，号偶遂亭主人。皇太极的直系子孙，1898年承袭第十代肃亲王。历任正白旗汉军副都统、正红旗护军统领、工巡局管理事务大臣、民政部尚书、理藩大臣。

1900年八国联军入侵北京，皇帝和太后返京时，善耆通过日本人川岛浪速的交涉安然进入紫禁城。从此善耆与川岛浪速相识，并为他向清廷奏请了

青年会把兴办教育作为唯一宗旨，组建昼、夜学部，分高等班、国民班。课程昼学部有修身、国文、算术、历史、地理、图画、手工、唱歌、体操、日语、英语等科，夜学部有日语、英语、汉语三科，另有识字班。教材是商务印书馆和中华书局出版的通用课本，教师是从关内特聘的。学校部还组织学生到社会进行“救灾”“赈济”“妇女放足”等宣传活动。学生毕业后到关内高一级学校深造。14 年间培养的学生达数千人之多。

青年会举办“星期讲坛”，内容广泛，包括古今中外各种内容。讲演人大多为有声望的社会名流，如著名学者胡适讲“新文化运动”、戏剧家欧阳予倩讲“中国戏曲改革之途径”等；大连中共地下党团负责人也利用讲坛向市民宣传中国革命。讲演活动打破了大连沉闷的文化局面，把人民从殖民地奴化教育中解放出来，使之开阔了视野，增长了知识，激发了民族精神。

青年会为激发民族意识，培养爱国观念，兴办了图书馆。1923 年，青年会设立简易图书馆，订阅报刊 40 种，新购大量图书，为大连青年提供了有益的精神食粮。

青年会于 1923 年 2 月包办了杂志《新文化》，一年后更名为《青年翼》，作为青年会的会刊，至 1928 年 8 月，先后出版了 67 册。孙中山先生为该刊题词“宣传文化”。会刊内容丰富，撰稿人包括孙中山、汪精卫、李大钊、恽代英、胡适、梁启超、马寅初、郁达夫等名人。《新文化》是传播新思想的进步刊物，全国发行，影响较大，对培养青年反帝爱国的精神起到了积极的作用。

大连中华青年会旧址

青年会还通过组织大型体育比赛开展爱国反帝活动。每年举行水上陆上运动大会，专门吸收中国学生、工人和店员参加。1920 年 7 月，大连人第一次在老虎滩举办水上活动，市民反响强烈。青年会足球队成立于 1921 年 3 月，是大连最早成立的一支中国人足球队。青年会开展体育活动，在大连留下了光辉的一页，刘长春、史兴隆等都是由青年会培养出来并走上了全国和世界体坛的。

青年会为增强大连人的爱国观念，利用纪念日，组织反帝爱国活动，如1921年“双十节”，白天召开庆祝会、游行会，晚上举行提灯会；1926年，组织了纪念孙中山逝世一周年活动，散发传单，提出了“打倒帝国主义”的政治口号，引起了日本殖民当局的注意。

1924年，在全国革命形势的推动下，大连各团体为统一行动，在傅立鱼、傅景阳等人组织下，大连中华青年会、大连中华工学会等七个团体发起成立了“大连中华团体有志联合会”。联合会的第一个活动是举行“九七”《辛丑条约》国耻纪念大会，又举行了庆祝“双十节”万人游行大会。

1925年，“五卅”惨案发生后，联合会成立了“大连沪案后援会”，举行示威游行、散发传单、开追悼会、募捐等活动；《泰东日报》也发表声讨帝国主义罪行的文章；后援会向上海总工会汇寄1万多元小洋捐款。后援会的活动惹怒了日本殖民当局，从此他们对青年会进行严密的监视。

1926年，满洲福岛纺绩株式会社（简称“福纺”）周水子纱厂工人举行“四二七”大罢工，联合会有力地支持了这次罢工活动，罢工坚持100天，斗争取得了胜利。为庆祝罢工胜利，这一年的“双十节”特别举行了万人游行，锣鼓喧天，鞭炮齐鸣，大长中国人的志气。

1928年7月，日本殖民当局以“政治结社”、拥护张学良“东北易帜”的罪名将傅立鱼逮捕，并强行驱逐出大连；同时搜捕青年会进步师生，洗劫图书馆，会刊也被迫停刊。1934年，大连中华青年会被日本殖民当局强行解散。

大连中华工学会

在京汉铁路“二七”大罢工的影响下，大连满铁沙河口铁道工场（今中国北车集团大连机车车辆有限公司前身）青年工人傅景阳、于景龙等人经过一年的筹备，于1923年12月2日成立了“沙河口工场华人工学会”。会上选举傅景阳为会长，于景龙为副会长，聘请傅立鱼为顾问。工学会内设文牍部、夜校部、讲演部、体育部、娱乐部、救济部、交际部等。从此大连工人运动进入了有领导、有组织的阶段。

1924年年初，指导东北工人运动的中共党员李震瀛第二次来大连，根据

大连中华工学会旧址

党中央的指示，帮助修改了工学会章程；选派了一批工学会干部，打进日本企业；发展会员，建立工会。

这一年的夏天，中国劳动组合书记部主任邓中夏来大连，对工学会工作提出了具体的指导意见。1924 年 12 月 2 日，工学会召开第二届会员代表大会，将沙河口工场华人工学会更名为“大连中华工学会”，出版工学会会刊。

1925 年 2 月，傅景阳出席全国铁路工会第二次代表大会，当选为全国铁路总工会执行委员。会后他根据会议精神，指导筹建南满铁路大连工会。

在“五卅”运动中，大连工会迅速壮大，会员达到 4000 余人，在全市 10 余家工厂（如“福纺”周水子纱厂、小野田洋灰制造株式会社、满洲船渠株式会社大连工场等）建立了基层组织，同时成立了“大连沪案后援会”，开追悼会，组织募捐，有力地支援了上海工人运动。

1926 年，“福纺”周水子纱厂大罢工，工学会成功地领导了这次 100 天的大罢工，取得了胜利，使日本殖民当局大为震惊。

1927 年 8 月 20 日，大连中华工学会被日本殖民当局查封。工学会的历史虽不到四年，但对大连和东北地区工人运动的影响是不可磨灭的，它不仅推动了大连地区的工人运动，还为党团组织培养了一批骨干，在工人群众的心中播下了反抗日本殖民统治的火种。

“三二六”运动

1898年3月27日，沙俄强迫清政府签订了《旅大租地条约》，其中规定：俄国租借旅顺口、大连湾及附近水域，期限为25年。1905年日俄战争结束后，日本通过《朴次茅斯和约》和《中日会议东三省事宜条约》，取得沙俄在南满掠得的包括旅大租借地在内的特权，从此大连变成了日本租借地。1915年，日本政府又强迫北洋政府签订了延长租期的“二十一条”。

1923年3月26日，按《旅大租地条约》是中国收回旅大租借地的日子。此前，北洋政府曾多次就收回旅大事宜向日本政府提出交涉，但日本政府根本不理中国政府的合理要求。1923年3月10日，北京政府照会日本，正式提出废止“二十一条”，3月14日，日本政府复照拒绝。日本的强盗行径激起了中国人民的义愤，全国掀起了声势浩大的收回旅大运动。

在首都北平，有人联名发表收回旅大的通电；北平学生联合会召开代表大会，表示誓死收回旅大的决心；中华全国商会联合会召开评议会，提出废除“二十一条”和收回旅大的主张；中华民国救国会、中华女子救国会、国民外交后援会、南洋华侨救国协会等11个团体召开联席会议，决议督促政府速向日本严正交涉。3月26日，北平30余所中等学校和北平各界旅大收回促进会、北平远东外交研究会等10余个团体共5000余人齐集天安门，冒雨游行，把收回旅大运动推向高潮。3月28日，中华全国商会联合会同京师总商会、中华全国商约研究会、北平各行商会联合举行游行请愿运动，并向总统府递交请愿书，指出“二十一条”理应废除，旅大理应照约收回。与此同时，全国各地和世界各地华侨都纷纷召开大会，举行示威游行，要求废除“二十一条”和收回旅大租借地。

而在旅大地区，早在1922年年底，金州人民就曾向省议会提出收回旅大的问题。在旅大租借期满之际，《泰东日报》连续发表60余则有关废除“二十一条”和收回旅大的消息。旅大人民曾组织示威游行，散发传单，但是遭到日本殖民当局的残酷镇压。

关于收回旅大的问题，当时日本驻奉天总领事林权助对张学良说：“城是箭射来的，你要用箭射回去。”不言而喻，日本是根本不想交还旅大的。张学良在回忆这段历史时说得非常清楚，日本帝国主义在中国已得的权益决不肯轻易交还，设想中日关系可以和平解决、公平调整，实在是妄想。

1923 年，全国人民掀起的收回旅大的“三二六”运动失败了，但是通过这次运动，中国人民清醒地认识到日本帝国主义野心不死。直至抗战胜利，最终打败了日本侵略者，旅大地区才结束了租借地的历史。

大连沪案后援会

1925 年 5 月 30 日，上海 2000 多名学生为抗议日本纱厂枪杀中国工人顾正红的暴行，举行反帝示威游行，英租界巡捕开枪镇压，死伤多人，这就是震惊中外的“五卅”惨案。

6 月 6 日，大连《泰东日报》以《举国愤激之上海外人无理枪杀华人大事件》的报道揭露了惨案的真相，矛头直指屠杀中国民众的英、日帝国主义。日本殖民当局惊恐万分，强令禁止发售当天的报纸，并加强对工厂、车站、码头的警戒和监视。

共青团大连特别支部接到团中央的指示，要求立即组织“三罢”（即罢工、罢市、罢课），但由于时间仓促，日本当局控制得严密，工作未能如期开展。大连中华工学会委员长傅景阳电请大连名人、大连中华青年会会长傅立鱼出面指导，傅立鱼立即从熊岳返回大连。6 月 15 日，五个进步团体组织成立“大连沪案后援会”，并做出决议，举行游行示威和罢课、罢工，散发传单并举行演讲，募集捐款支援上海工人。

大连学生界首先起来响应，大连商业学堂学生会、大连中等学校学生联合会、旅顺师范学堂和基督教青年会相继加入后援会。旅顺工科大学 64 名中国学生、旅顺二中 90 名学生首先举行罢课，在旅顺中心区召开追悼会，散发传单，进行募捐活动。同时大连商业学堂、复县立女子师范讲习所等几所学校也举行了罢课游行和募捐活动。大连地区的工人冲破敌人的警戒和封锁，举行罢工。

6 月 21 日，追悼“五卅”殉难诸烈士大会在永善茶园（今宏济大舞台）举行，大会由傅立鱼主持。在庄严肃穆的气氛中，会场内外聚集万名群众，傅立鱼报告了“五卅”惨案经过和殉难烈士情况。各界代表赵晋如、林升亭分别宣读悼词。大会自始至终悲愤雄壮，会场内外群情激愤。会后举行了分路游行，散发传单，高呼“打倒帝国主义”的口号。后援会的捐款倡议得到社会各界的响应，一个月内收到各界捐款万余元小洋，分四批汇寄到上海总工会。

大连沪案后援会的活动，一开始便遭到日本殖民当局的限制和反对，他们以各种借口阻挠这次活动。但是后援会顶住了日本殖民当局的压力，勇敢地领导了这次反帝爱国斗争。

“四二七”大罢工

大连“福纺”纱厂是日本人开设的满洲福岛纺绩株式会社周水子纱厂的简称，即原大连纺织厂的前身。

1926年4月，日本殖民当局宣布金票（日币）涨价，每1元金票兑换1.2元小洋。4月25日，厂方开工资用小洋，却按金票扣饭费，使4月份饭费上涨，激起工人的愤怒。粗纺车间女工杜秀贞、关桂贞向厂方提出仍按小洋收饭费的合理要求，遭到厂方的拒绝。第二天粗纺车间女工都没有上班，其他车间的工人也有没上班的。

大连中华工学会“福纺”分会委员长、共产党员侯立鉴和副委员长初玉昆立即将情况汇报到党组织和工学会。中共大连地委书记杨志云，地委工运委员、大连中华工学会委员长傅景阳及其他有关人员研究决定，把工人的经济斗争有计划地引向政治罢工，并向厂方提出六项条件：一、不准打骂和虐待工人；二、准许女工在工间给孩子喂奶；三、增加三分之一的工资，不许涨饭费；四、每两周有一个公休日，公休日干活发双倍工资；五、缩短劳动时间，每天以10小时为限；六、对内宿工人要降低房租，不拿电灯费，对外宿工人要发补助金。

4月27日上午8时，工人代表侯立鉴、初玉昆找到厂主角野久造，正式提出了工人的六项要求，被拒绝。于是侯立鉴下令拉响汽笛，实行全厂总罢工。

为了预防厂方搞破坏，中共大连地委决定以大连中华工学会的名义，举行记者招待会。会上，傅景阳介绍了罢工的起因和经过；女工杜秀贞、关桂贞控诉了日本资本家残酷剥削工人的罪行。第二天，大连各报纷纷发表文章报道罢工真相。5月1日，中华工学会发表了《“福纺”纱厂一千二百名工人泣告各界同胞书》，揭露“福纺”纱厂工人惨遭迫害的情况，争取工人群众的支持。日本厂方为了破坏罢工，派工头分赴各地招工，诱骗工人复工。

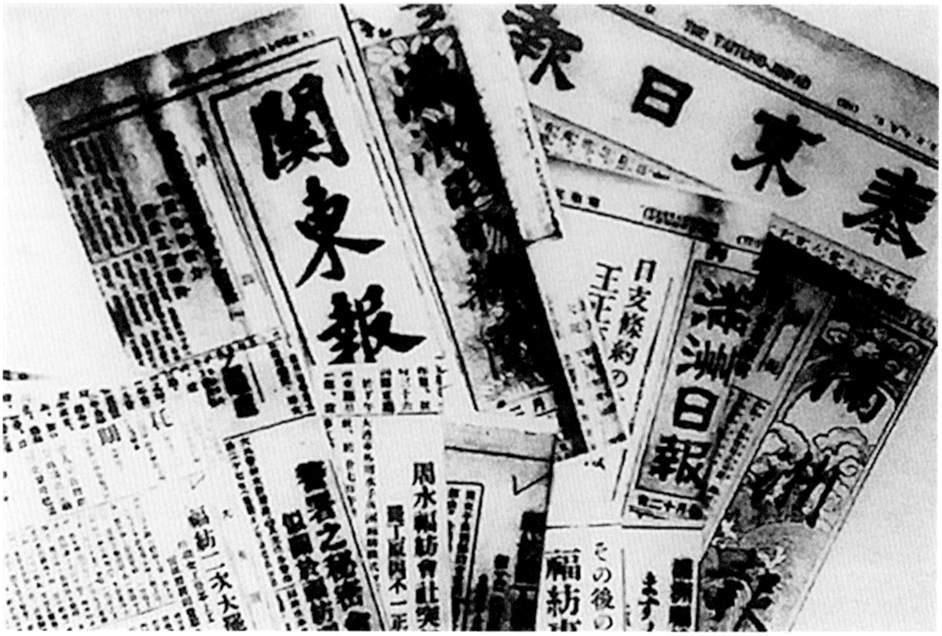

当年报纸上刊登的纱厂罢工消息

工学会发动工人进行反招工斗争。日本殖民当局为了制止罢工，逮捕了领导罢工的侯立鉴和其他骨干分子。中共大连地委和中华工学会立即采取对策，6 月 24 日在“福纺”纱厂大门口召开声援“福纺”纱厂工人罢工大会。傅景阳主持大会，参加大会的有 3000 多人，各厂运来 20 多马车的粮食和物资支持罢工，会后还举行了游行示威，与会者高唱《工人团结歌》。第二天傅景阳等 19 人被捕。大连地委和工学会发表了《“福纺”罢工工友致大连全体工友书》《“福纺”罢工工友泣告周水子农村父老书》，发动全市工人支持“福纺”罢工工人。6 月 29 日，大连各厂工人联合发表了《大连各工厂工人致“福纺”罢工工友书》，坚决支持“福纺”纱厂罢工工人把斗争进行到底。

在罢工最艰难的时刻，中共北方区委派邓鹤皋等人来连加强地委工作和领导罢工，还制定了“适可而止”的正确策略，提出要在有利条件下复工，争取罢工的胜利。

全国各地工会组织纷纷发表支持罢工的声明，全国总工会提出要在全国抵制日货。日本当局考虑到事态发展的严重性，终于答应了工人的条件。8 月 5 日，工学会宣布复工，“四二七”大罢工最后取得了胜利。

这次大罢工的胜利，是党的正确领导及全市、全国人民坚决支持的结果。

它锻炼和壮大了大连党和工会的队伍，培养了一批干部，沉重地打击了日本殖民统治者，在大连和全国工人运动史上增添了光辉的一页。

旅大青年义勇会

1929 年 3 月下旬，为了唤起旅大青年的民族意识，进行抗日爱国斗争，旅顺工科大学、旅顺师范学堂、牧城驿普通学堂、大连商业学堂和水师营公学堂及大连各公学堂的教师，发起成立了旅大青年义勇会。该会以宣传三民主义、唤醒旅大青年、推行爱国运动、改进旅大人民生活、增进旅大民众幸福为宗旨，于 3 月 26 日在牧城驿普通学堂举行成立大会。会员 100 多人，分布在旅大城乡。成立大会通过了组织章程，设会长 1 人，秘书 2 人，下设总务、宣传、调查、服务四个组。总会在旅顺，大连、金州设分会。总会领导人是牧城驿普通学堂的教师穆超。旅大青年义勇会的中心任务有：宣传三民主义；宣传收回旅大租借地；提倡国货，抵制日货；拒绝日本购买中国土地；拒食毒品（指鸦片）；打倒土豪劣绅；破除迷信；提倡博爱，反对压迫。

6 月 30 日，有人诬告该会是共产党组织，日本警方拘捕了会长穆超、秘书王明辉，在审讯和搜查中没有发现问题，20 天后将两人释放。

1929 年双十节，旅大青年义勇会金州分会会长刘毅率领学生举行纪念大会，并游行示威。金州警察署出动大批警察和巡捕进行干涉，双方发生冲突，刘毅等 10 余人被捕。

11 月间，旅大青年义勇会秘书长王明辉等开展破坏日本人购买中国土地的斗争，激怒了日本人，殖民当局下令大肆逮捕义勇会会员。穆超逃往沈阳，刘毅、傅永忠脱险。王明辉等 20 多人被捕，后王明辉死于狱中。

1931 年“九一八”事变后，旅大青年义勇会一度有了发展，会员增加到 400 多人。他们到处进行反日宣传，游说工人罢工，火烧日军仓库。于是日本殖民当局开始镇压，大肆逮捕会员，先后有 10 余人牺牲。后来，旅大青年义勇会成员被迫转移到关内，他们在大连的活动也就结束了。

抗日放火团

1931 年“九一八”事变后，日本帝国主义侵占了东三省。苏联为了防止日本的突然袭击和破坏日本的军事设施及战略物资，成立了一个军事情报训练班，招收部分国家青年，专门进行爆破和燃烧技术的训练。这个组织就是国际情报组，老百姓叫它“抗日放火团”。1933 年，中共满洲省委和东北地区国际情报组选送数批中共党员和爱国青年去苏联接受训练。大连地区的领导人赵国文、黄振林就是这个班的学员。

中国情报组的指挥中心设在上海，领导人是鲍维尔，住在上海苏联领事馆里，他负责人员的调遣，制订工作计划和提供活动经费。姬守先在上海担任鲍维尔的交通联络员，情报组的一切工作布置、人员调派、经费分配都经过他下达到各地，各地的情况也要经过他汇报给鲍维尔。

1934 年，大连国际情报组正式成立。大连是工作重点地区，为迅速开展放火爆破活动，上级先后派来数人，都因工作不力被调回。直到 1936 年 3 月派来中共党员秋世显和赵国文，工作才有了进展。放火团有赵国文、秋世显和邹立升三个小组，他们之间互不发生联系，谁发展的成员归谁领导，活动地区不固定。当时情报组成员有 70 人，活动异常活跃。据统计，从 1935 年 9 月开始到 1940 年 6 月止，放火团在大连地区共放火、爆破 57 起，使日本损失日币近 3000 万元。其中规模较大的放火有：

1937 年 1 月初，邹立升和高绪慎烧毁满洲油漆株式会社厂房和原料仓库 34 间。

1938 年 3 月，王金泰和陈更茂烧毁码头大豆 300 吨。

1938 年 4 月，吴诚江和卢炳义在甘井子满洲石油株式会社火烧 6 万桶石油、石蜡，价值达 700 万日元。

1938 年 6 月，秋世显、邹立升指挥于守安在码头 4 个仓库同时放火成功，烧掉布匹、毛织品、茶叶、糖、芝麻、蛋黄、纸张、罐头、水银等大批物资，大火燃烧了三昼夜。

1939 年 12 月，于守安放火烧掉了码头 10 多个车皮的军用马草和飞机零件。

1940 年 6 月，赵国文和秋世显指挥王有佐火烧周水子陆军仓库 1 座，烧掉毛衣毛裤 5 万多套和大量军用饼干，价值 800 万日元。

大连抗日放火团的成员斗志顽强、组织严密，使得日本殖民当局一直认为是自然失火或漏电失火。1937 年 8 月，日本在哈尔滨逮捕了北满国际情报组负责人，从他的口供中得知大连也有情报组，于是关东州厅警察部组成特别侦察班，市内各警察署也成立搜查班，日夜侦讯，先后逮捕若干嫌疑人，但是没有一个是真的。

1940 年 6 月，情报组成员王有佐的老乡许元鼎在一次与大连福昌华工株式会社小工头牛嗣义谈论招工的事情时，无意中泄露了王有佐放火的消息。牛嗣义会同大工头宋洪泰一起将此事报告给关东州厅警察部巡捕长隋云嶎。隋云嶎拘留了许元鼎，并指示牛嗣义对王有佐进行监控调查。6 月 24 日晚，巡捕长带领一批人在东关街发现赵国文和王有佐接头，赵国文在电车上被捕。根据他的口供，日本殖民当局在全市进行了大搜捕，在奉天逮捕了秋世显，在上海逮捕了姬守先。除鲍维尔、洪德锡、王金泰等人逃脱外，其余放火团成员无一幸免，先后有百余人被捕，中国境内的国际情报组全被破坏。

1942 年 3 月 15 日，日本关东地方法院判处姬守先等 12 人死刑，4 人 10 年徒刑，13 人 7 年徒刑。由于酷刑拷打，先后有 20 余人死于狱中。

这便是 20 世纪 30 年代轰动一时、使日本人闻风丧胆的大连抗日放火团。

泰华楼里的枪声

1921 年 4 月，大连日本殖民当局为了统一东北货币，实行金融垄断，下令推行“金建制”，要商民将手中的银圆限期兑换成日本朝鲜银行券。当时规定，1 元银币兑现朝鲜银行券 7 角，这使中国商民蒙受重大损失，于是引起了商民的反对和抵制。

大连华商公议会会长郭精义为了维护华商的利益，号召华商举行罢市，以示抗议；后又多次向日本关东厅长官申诉民意，要求维持“银建制”，但被拒绝。郭精义会长无奈，在傅立鱼的提议下，组织请愿团，前去东京，向日本政府申诉解决。

在请愿团出发的前一天，大连工商界代表人士在泰华楼饭店（今中山区教育局址）举行欢送宴会。突然一声枪响，飞来一粒子弹，擦过郭精义会长的耳边，射进对面的门框上，很明显这是殖民当局妄图阻挠请愿而制造的罪恶勾当。

郭精义会长来到东京，一天夜里，有人从窗外进来，手里拿着郭精义会长的照片，挨屋搜查。因为郭精义会长的儿子拉肚子，他和儿子在厕所里，才躲过了这场灾难。

郭精义会长从日本回来后，时感牙痛，来到日本久保田牙科医院治疗。院长给他的牙床注射了一针，郭精义回家后便不省人事，1922 年 11 月 13 日逝世，年仅 46 岁。

郭精义会长去世后，全市华商停业，以示哀悼。奉天省政府特派代表前来致祭。中华民国北京政府特赠“义声载道”匾额一方，以表彰他的爱国精神。

庄河“大刀会”

庄河“大刀会”是 1932 年由华春盛在长岭（位于庄河西部桂云花山附近）创立的。当年 9 月，“大刀会”和抗日义勇军联合，在庄河、盖平交界处马家沟一带，消灭了土匪“野狼队”，打死 50 多人，活捉 90 人，“大刀会”无一伤亡，从此名声大振。到了 10 月，“大刀会”发展迅速，由原来的 3 个团猛增到 16 个团，更名为“联庄自卫团”，成立了总团部，推举郭殿政为总团长，日本早稻田大学工科学生倪元德为副总团长，奉天高等警官学校毕业生鞠抗捷为参谋长。各团分设团长和道长，团长负责政治领导，道长都是从山东请来的师傅，负责传授法术，教练武艺。到了 12 月土城子战役前，“大刀会”已有 33 个团，约 3000 人，是庄河诸抗日队伍中的一支劲旅。

“大刀会”的成员都是自愿参加的，不脱产，每人自备一支红缨枪，枪头一尺，两面开刃，拴上长红缨，配上硬木枪杆。平时各归自家，有军情凭鸡毛信传令集合。

鞠抗捷

1932 年冬，日本向抗日武装发起疯狂围剿。12 月 16 日，庄河“大刀会”总部得到消息，日本靖安队 500 人从瓦房店向庄河开来，扬言要消灭“大刀会”。总部发出鸡毛信，把队伍集中在旋城。当晚侦察得知：日军一支骑兵营一半驻在庄河街里，一半驻在土城子，日军大佐和他的卫队住在土城子寇福昌的大院里。郭殿政、鞠抗捷当即决定攻打土城子。

庄河“大刀会”成员使用的武器

半夜，“大刀会”约1000人来到土城子，总部决定一部分成员攻击寇福昌大院，一部分成员攻击土城子前后街驻敌。大家逼近大院，先是砍倒两个敌哨，然后鸣枪进攻。霎时杀声震天动地，战士们不顾一切向敌人冲去，睡梦中的敌人来不及迎战，到处乱窜。敌人在房顶上架起了机枪，对准院子里“大刀会”的战士。“大刀会”孟道长带领几个小伙子爬过墙头，把敌人的机枪手刺伤，机枪哑巴了。“大刀会”的战士在激战中把敌人引到大院外。有个肥头大耳的鬼子，挥着战刀，横冲直撞，战士们把他围住，鬼子抵挡不住，冲出重围，窜到大院的西北角，企图翻进大院，就在他爬墙的时候，被战士用红缨枪刺死。原来他就是日本陆军大佐森秀树（死后晋升为少将），他的副官上尉木下谦一郎也被刺死在粪堆上。另外还刺伤日军数十人，缴获长短枪几十支、战刀1把、战马30多匹和部分弹药粮食等。

土城子战役后，总团长郭殿政带领部分“大刀会”战士与邓铁梅的抗日义勇军会合，于12月25日下午，在文家街同日本守备队交火，刺杀日军50余人，缴获日军大车2辆。

此后不久，郭殿政离开队伍去了北平。鞠抗捷感到前途渺茫，又无外援，队伍装备太差，无力同敌军战斗，经过反复磋商和研究，便放弃了战斗，带领部分战士回到了家乡。不久鞠抗捷便进关参加了东北抗日救亡工作。1938年他加入了中国共产党，中华人民共和国成立后，历任国家工业部门的局长、部长助理，中国计量科学研究院院长、党委书记，中国计量测试学会理事长及全国政协委员等职，1991 年病逝。

庄河“六君子事件”

1931 年“九一八”事变后，在日本帝国主义血腥统治下的庄河，发生了一起骇人听闻的杀害爱国知识分子事件，人称“六君子事件”，代表人物是庄河中学校长宋良忱。

宋良忱，又名作模，字伯权，1883 年生于庄河大孤山。他在奉天两级师范学校毕业后，考入金陵师范大学，毕业后回家乡执教。1914 年春接任庄河中学校长，实现了他多年矢志投身家乡教育事业的愿望。他治校严谨，提倡“尽责务”三字校训，号召学生不畏寒窗之苦，努力完成学业，树立“国家兴亡，匹夫有责”的爱国思想。他为培养人才，不惜重金到北京、上海等地聘请名牌大学毕业的学生来校任教，以提高学校的教学质量。庄河中学在当时名望极高，宋良忱在庄河教育界颇有名声，他的办学精神赢得群众的崇敬和欢迎。

宋良忱一向爱乡爱国。“九一八”事变后，日伪当局强令停用商务印书馆、中华书局出版的教科书，一律改用伪满洲国的教材。宋良忱校长想方设法抵制日本的奴化教育，继续使用老教材，为此日伪当局将他调离中学，改任庄河教育局局长，最后为使他彻底离开教育界，调任他为庄河电话局局长。但是，他始终没有放弃反满抗日的斗争。

1931 年“九一八”事变以后，在北平的东北各界爱国人士杜重远、阎宝航、高崇民、车向忱等人，在张学良支持下，成立了东北民众抗日救国会。车向忱受救国会的委托，扮成药房先生，于 1931 年年底来到安东（今丹东）进行抗日救国的宣传，为成立抗日救国会安东分会奠定了思想基础。第二年，抗日救国会又派原安东林科学校校长李献廷来安东，联络教育界组织抗日救亡活动。

1933 年春，安东教育界“有力同心者”在安东图书馆秘密成立东北民众抗日救国会安东分会。

1935 年年底，伪安东省教育厅厅长孙文敷向出席伪安东省教育厅举办的中学教师鉴定会议的 13 名代表提出，各县要立即组织以县教育局局长和农会会长为中心的抗日救国会。当时出席会议的庄河县代表是宋良忱和林贵家。

宋良忱、林贵家回县以后，便积极筹划成立抗日救国会分会的各项准备工作。1936 年春，宋良忱召集以教育界为主的有关人士成立抗日救国会庄河分会。这个分会由 700 多人组成，以宋良忱为会长。

庄河分会的成员主要由中小学校长、教师和其他各界爱国人士组成，分会将中小学教师全部转入该会组织，把每人每年缴纳的教育会费全部转入救国会会费。该会建会之初曾号召会员捐款，捐款一部分支援安东分会，另一部分捐给东边道抗日义勇军。1932 年抗日将领邓铁梅曾来庄河，同宋良忱有过接触，抗日救国会送给他一部分捐款。当年 6 月，抗日救国会第二次募捐，入会教师扣其当月工资补助款的 5%，合计捐款 7000 多元，工商界会员捐款 3000 多元，宋良忱校长一人捐款 300 元，总计 10580 元。邓铁梅领取 3500 元，又支援杨靖宇的部队 2500 元。

1936 年年底，东北抗日联军第一军总司令杨靖宇手下的李相山派人潜入桓仁县城进行活动时被日伪警务机关逮捕，不久，救国会安东分会遭到破坏，以孙文敷为首的负责人全部遭到逮捕。

1937 年元旦，庄河日本宪兵队以反满抗日的罪名逮捕宋良忱，五天以后又逮捕了杨维嶓、孙俊卿、姜雅亭、徐成章、林贵家、王道权、戚景龙、张彦果、王俊峰、于心泉、许三辰、孙孝先等人。此间，安东分会下属 11 个县的分会全遭破坏，一时间安东省教育界横遭大逮捕，许多学校关门停课，而且又殃及工商界，孙文敷等 58 人被杀，300 余人被判刑，这便是轰动一时的“安东教育界大惨案”。

宋良忱在狱中发现庄河只逮捕 13 人，全是分会的领导人，他估计是分会领导名单被发现。于是他在狱中一再告诫难友，在审讯时只讲被捕 13 人以内的事情，绝对不许牵扯其他人或事，他们经受了种种惨无人道的精神折磨和肉体摧残，始终如一，坚贞不屈，再没有牵连出一个人。

2 月 3 日，庄河警察署将他们转移到奉天陆军监狱。监狱判处宋良忱、杨维嶓、孙俊卿、姜雅亭、徐成章、孙孝先 6 人死刑。3 月 13 日，他们被害于奉天南门外浑河边，时称庄河“六君子事件”，即“庄河教育界惨案”。

抗日救国会以募捐的形式，号召人民支援抗日队伍，同日本侵略者进行针锋相对的斗争，实在令人敬佩，可歌可泣。庄河爱国知识分子在敌人的重压下表现出的爱国精神和视死如归的大无畏民族气节，将永远彪炳史册，光耀人间。

1945 年 11 月 8 日，大连市政府成立时部分组成人员合影

结社、思想、信仰、身体的自由；凡敌军及伪满军之武器、弹药、装备、器材，任何人不准破坏或隐匿；迅速恢复一切生产；保障学龄儿童有受教育的机会；实行婚姻自由；坚决镇压战争罪犯及罪大恶极的汉奸，没收其财产等。

大连市政府内设秘书处及财政、社会、建设、教育、卫生 5 个局，下设 29 个科，92 个股。

百业兴衰

旅顺大坞

旅顺大坞位于旅顺口区港湾街58号，现为海军四八一〇工厂，是清末李鸿章创建的北洋海军修船厂。

清同治十三年（1874），北洋大臣李鸿章提议建立北洋水师。翌年清政府委任他筹办北洋水师事宜，创建北洋水师学堂培养海军人才，购置外国舰船加强海军装备，修筑威海卫和旅顺军港以及军港炮台，至光绪十四年（1888）北洋水师初具规模，拥有25艘舰船。

光绪六年（1880），李鸿章决定在旅顺口修筑港坞。第二年李鸿章责成马建忠前往旅顺口勘察船坞地质，并选定在黄金山下修坞，组建旅顺工程局，全面负责旅顺港坞筹建工作，袁保龄为旅顺筑港工程局总办，并任德国人汉纳根为顾问，筹划修坞工作。

为了加快船坞工程的速度，光绪十二年（1886）李鸿章将全部工程包给法国人德威尼，工程项目有大小石砌船坞、修船厂9座、大库5座、起

旅顺大坞今貌

重铁架5座、引自龙引泉的自来水管1条等，承包金125万两白银，后增至139.35万两白银。光绪十六年（1890）11月，工程全部竣工，北洋水师提督丁汝昌、直隶按察使周馥等官员前来进行验收，验收完毕交付使用。同时撤销旅顺工程局，成立北洋水师旅顺船坞局。这是中国近代早期的大型船舶企业。

在修建船坞的同时，清廷为了保障旅顺港、坞的安全，又修筑了海岸炮台11座，配备海岸火炮72门，又在旅顺后路修筑陆路炮台17座，配备各种火炮79门。

船坞和炮台的相继建成，使旅顺港成为一个完备的海军基地，为北洋水师的发展奠定了基础，但是由于清政府的软弱无能，旅顺港、坞为日军所破坏。

沙俄强占时期，对港、坞进行了扩建。日本统治时期，对船坞的宽度进行了拓宽。1945年日本战败投降，苏军接管了旅顺船坞，1955年交付中国海军，为旅顺海军工厂。

2007年，旅顺大坞被列为为辽宁省文物保护单位。

沙河口铁道工场

沙俄租借旅大后，为适应铁路机车车辆的维修需要，1899年修建东省铁道机车制作所，厂址在今中山区胜利桥北。1906年，日军野战铁道提理部接管该厂，1907年4月，日本满铁接管了该厂，改称大连工场。那时日本还不能生产大型机车和车辆，满铁从美国购进大批机车、客车和货车的部件，在大连工场进行组装。

随着满铁运营业务的扩大，原来工厂的规模已不适应需要，于是在1908年7月，满铁开始在沙河口建新厂址。新厂占地面积91万平方米，1911年8月9日竣工，改名为满铁沙河口铁道工场，隶属于满铁运输部。新厂建有锻冶、组装、旋盘、

满铁沙河口铁道工场车间

铸铁、模型、制罐、客车、货车、台车、制材车间和仓库。新厂安装了大批机械和起重运输设备，建有22条蒸汽机车修理线，新建了小学校、医院、邮局、浴池、俱乐部、商店、体育馆、神社、教堂等设施，成为大连西部一个新兴的工业区。

1916年，工厂开始新造蒸汽机车和车辆，至1916年年末，年生产能力达到新造、组装蒸汽机车12台、客车6辆、货车137辆。此时拥有职工4417人，其中中国工人2595人。当时该厂还能为满铁所属的其他厂矿生产各种机械设备，是满铁系统里重要的铁路工业机械厂。

1931年“九一八”事变后，为了满足日军侵略东北的需要，该厂大批生产铁道装甲车、装甲汽车、冷藏车、保温车、摩托车等军事车辆和军用器材。1934年制成“亚细亚”号特快客车。

1937年“七七”事变后，日本帝国主义发动全面侵华战争，对车辆的需求急剧增加，工厂生产规模继续扩大，机车车辆生产成倍增长。从山东骗来的大批中国劳工，每天从事繁重的体力劳动，长达16个小时，而工资仅为日本人的七分之一，还要接受监视、搜身的污辱。太平洋战争爆发后，工厂生产持续增长，1943年全厂职工9000人，生产能力达到历史最高水平，全年新造、组装蒸汽机车47台、客车12辆、货车311辆，修理蒸汽机车241台、客车614辆、货车3739辆。

沙河口铁道工场自建成至日本投降共制造、组装蒸汽机车516台、客车775辆、货车5355辆，修理蒸汽机车6904台、客车14345辆、货车93893辆。日本帝国主义就是利用这些车辆对我国进行军事侵略和经济掠夺的。

中华人民共和国成立后，该工厂改名为大连机车车辆厂，直属铁道部；现名中车大连机车车辆有限公司，隶属于中车集团，是我国生产内燃机车、电力机车的国家重点大型企业。

川崎造船所

1899年9月28日，沙俄开始动工兴建大连港和轮船修理工场。1902年年底，轮船修理工场建设初具规模，有3000吨级的小船坞一座和机械、铜工、锻造车间及发电所，雇用工人495人。日俄战争爆发后，沙俄撤退时，将大连的码头、船坞、修船厂、发电所全部毁坏。

修建中的 3000 吨级小船坞

1907 年 4 月，日本南满洲铁道株式会社接管了轮船修理工场，作为大连铁道工场的附属厂；一年后租给神户川崎造船所，更名为株式会社川崎造船所大连出张所，以修船为主，兼造小型汽船。

1923 年 3 月，满铁收回株式会社川崎造船所大连出张所，创建满洲船渠株式会社，除修船外还修理陆用机械，生产有所发展，至 1929 年，工厂增至 700 人，机械设备 120 台，动力设备 710 千瓦，年生产总值 116 万日元。

1931 年 9 月，大连汽船株式会社吞并了满洲船渠株式会社。由于日本扩军备战，这时期主要经营修船、造船、车辆生产、陆用机械的制作和修理。平均年生产总值为 300 万日元。

1937 年“七七”事变以后，为满足日本全面侵华战争的需要，满铁成立了大连船渠铁工株式会社，遵照关东军指令，以生产军用车辆为主，后来随着太平洋战争的爆发，生产转向军用运输船只。这时期共建造 3000 吨级标准船 2 只，4500 吨级标准船 3 只，8100 吨级战时标准船 1 只，3850 吨级战时标准船 6 只。在战争的刺激下，1944 年下半年生产总值突破 1000 万日元，达到历史最高水平。在这七年中，大连船渠铁工株式会社进行了三次大规模的扩建，至日本战败投降时，生产规模发展到拥有 5 个部、12 个课、12 个工厂、50 多个车间、5000 余名职工，拥有 4000 吨级船台 3 座，6000 吨级和8000吨级船坞各1座，旱坞和栈桥各1座，占地面积15万平方米，厂房142栋，总财产额为4155万日元，年造船能力2万吨，年修船能力10万吨，年产值2000万日元。

1957年，该厂更名为大连造船厂，现名大连船舶重工集团有限公司，是国家大型造船企业之一，已发展成为我国出口船舶的重要生产基地。

大连机械制作所

1918年5月，株式会社奉天铸铁公司和大连机械制作所组合成株式会社大连机械制作所（简称“大连机械”），厂址在大连台山町23番地（今汉阳街220号），投资200万日元，该厂以制造精巧的优良产品而闻名，规模庞大，设备完善，仅次于满铁沙河口铁道工场。

“大连机械”经营项目包括设计、制造、安装铁路车辆和铁路线路的附属品及信号装置，设计制造铁路桥梁、各种铁筋、豆油容器、各种暖炉、汽缸汽机、烟筒等，另外还生产铁管、黄铜、氧气管和铸铁、铸钢等。

“九一八”事变后，日本加紧对华侵略，1939年该厂资本金增至3000万日元，增加电炉设备，开始制作大型蒸汽机车和矿山林区用的小机车，为山西阎锡山制造窄轨机车，还生产飞机零件及履带式铁甲车和山野炮弹弹体。1943年该工厂达到了发展高峰，资本金增至6000万日元，职工6508人，工厂占地65万平方米，建筑面积近14万平方米，机械设备1613台，电气设备1057台，年产蒸汽机车75辆、货车5000辆、客车150辆、铁路道岔6000组、氧气60万升。

“大连机械”设立精机部和下料、铆焊、装配、木工、刷油、利废、一机械、二机械、机关车、制罐、铸钢、工具、氧气、制材、轨条、铸铁等若干生产车间和辅助车间。

“大连机械”后期成了满铁的附属企业，为了适应战争的需要，转向军用工业生产，专门制造兵器军械和炮弹。

大连港

1899年9月，沙俄正式启动大连的建港工程，至1902年年底，一期工

大连港客运站旧照

程基本结束，大连港初具规模。

1905 年，日本战胜沙俄，攫取了大连港的全部权益。1907 年，满铁成立大连筑港事务所，主营建港业务。首先建设防波堤，4 座防波堤总长 3978.3 米，于 1918 年完成，防波堤内港区水域面积为 296 万平方米。

其次是码头建设工程。当初沙俄建的码头岸壁为台阶式，不便于船舶靠离和货物装卸，后改建为直立式岸壁。同时对一码头、甲码头、二码头进行改建、扩建，又增建乙码头和三码头、丙码头和四码头及长门町码头，上述工程最后完成于 1939 年。这时大连港已形成一个完整的港区，港内铁路、仓库俱全，具备了各种货物装卸、联运的能力。

为了油品储运的安全，筑港事务所在寺儿沟先后建成第一栈桥和第二栈桥；为适应煤炭出口量急剧增加的需要，1930 年在甘井子建成煤炭专用码头，至 1931 年 3 月，最高日装船量 1.37 万吨，年出口煤 300 万吨；为满足客运的需要，1924 年大连港建成船客待合所，候船厅面积 3768 平方米，可容纳旅客千余人，同时又建成港桥一座和码头办公大楼。20 世纪 30 年代陆续完成了满洲化学株式会社、满洲石油株式会社工业码头，黑嘴子码头的建设；1942 年，建成香炉礁码头。

大连港总体建设至 20 世纪 30 年代大体完成。1925 年，码头可同时停泊

2000 吨至万吨级船舶 31 艘，吨位 18.3 万吨。至 1942 年，货物年通过能力达 1330 万吨，已成为当时一座名港。

大连港的建成，加速了日本对东北物资的掠夺，1936 年以前每年出口货物平均为 709.5 万吨，大豆及其制品和煤炭出口物资占总数的 79%。1937 年日本发动侵华战争和《战时贸易统制令》的实施，使商港变成了军港。太平洋战争爆发后，美国海军潜艇经常出没在黄海，封锁了日本海上的航线，海运受阻，客货吞吐量急剧下降，大连港已近乎瘫痪。

中华人民共和国成立后，大连港务局对老港区进行了改造和扩建，港区面貌发生了根本性的变化。改革开放以来陆续建成鲇鱼湾油港、和尚岛码头、大窑湾新港等，大连港已成为我国北方最大的港口之一。

2000 年，大连市委、市政府决定对大连港实施搬迁改造，老港区功能向大连湾、鲇鱼湾、大孤山半岛转移。现今，新建的东港商务区与人民路商务区相接，为大连城市功能的拓展和经济腾飞创造了更多的机遇和空间。

大连铁路

1896 年 6 月 3 日，沙俄政府诱逼李鸿章签订了出卖东北的《中俄密约》，继而又签订了《东省铁路公司合同》和《东省铁路公司章程》。沙俄为了进一步控制东北，1897 年 12 月 14 日，派遣军舰进占旅顺口。第二年 3 月 27 日，威逼清政府签订《旅大租地条约》，传说俄国付给李鸿章 50 万两白银（一说为卢布）作为酬金。沙俄为了巩固既得利益，继后又签订《续订旅大租地条约》《东省铁路公司续订合同》。在这些条约和合同中，沙俄攫取了租借旅大和修筑中东铁路以及南满支线的权利。于是从 1898 年 9 月开始，从长春向南修建直达旅顺的铁路。1903 年 1 月 10 日竣工，7 月 14 日正式通车运营。

中东铁路及南满支线的修建，形成了以哈尔滨为中心，西至满洲里，东至绥芬河，南至旅顺口的纵贯东三省的“T”字形大铁路。这条铁路贯通东北腹地的主要大城市和农村，对沙俄侵占东三省，掠夺物资财富、保障军事运输和供给，起到了重要作用。

日本帝国主义不甘心沙俄独占东三省，在 1904 年发动了日俄战争，沙俄最终败北。根据《朴次茅斯和约》，日本夺取了旅大和从长春到大连间的铁路及其一切附属权利。日俄重新瓜分了东北势力范围，以长春为界，俄国

建设中的达里尼市内铁路

占据北满，日本占有南满。

1906年1月，日本成立了“满洲经营委员会”，专门谋划侵略东北的政策。6月7日成立南满洲铁道株式会社，第二年4月1日正式运营。早在1904年的战争中，日本铁道兵就将长大铁路的俄国宽轨（1.524米）改为日本窄轨（1.067米），后来为了与京奉线接轨，又改为标准轨距（1.435米），1908年5月30日，长大线完成了标准轨距的改造。1909年10月，完成了大连至苏家屯复线铺轨工程。1934年9月，完成了奉天至长春复线通车工程。

沙俄为了旅顺军港的需要，一直将铁路延伸到旅顺口。1901年7月，又从南关岭将铁路修至大连。1909年，日本将旅顺线由南关岭改在周水子接轨，旅顺至周水子间改为支线，南关岭至大连间的支线改为干线，支线全程50公里。

日本殖民当局为了掠夺海盐和农产品，1926年5月，修建从金州至城子坦的金福铁路。后由满铁收买，改名金城铁路，全程102公里。中华人民共和国成立后，大连市加强了铁路建设，1986年10月竣工的城庄铁路又将铁路延伸到庄河市，长48公里。

日本帝国主义为了掠夺东北煤炭，1930年在甘井子建成了煤炭码头，同时又修建南关岭至甘井子煤炭码头的铁路，将抚顺煤炭运到甘井子码头，直接装船运往日本，年运量300万吨，占日本煤炭进口的70%。1957年，该铁路扩建为复线，南甘线营运里程达12公里。为了提高大连至甘井子的运输效率，减缓南甘线的运输压力，1953年开通周甘线，全长5.8公里。另外，还开通了瓦房店白老线、田五线和金州大窑湾线，以及100多条企业专用铁路线。

大连驿

大连的铁路是沙俄在20世纪初修建的，与东省铁路相接，连接俄国，可直达圣彼得堡。大连火车站设立于1903年，最初的站舍是一处简陋的木头房子，地址在今天的胜利桥附近，日俄战争时遭到破坏。日本占领大连后，在原地重建简易的平房车站。日本殖民当局为适应侵略战争和掠夺物资的需要，车站急需改建和扩大，于是在1935年动工兴建新车站（即今天的大连火车站），于1937年5月31日举行落成典礼，6月1日正式营业。

大连火车站日本人称“大连驿”，工程设计者是太田宗太郎。这个建筑当时被誉为亚洲第一车站，建筑面积8433平方米，站前广场面积14818平方米，其建筑规模和现代建筑风格，在大连建筑史上名列前茅。该建筑是地上四层、地下一层的框架结构。车站设计很好地解决了人与货、进与出的诸多矛盾关系。候车大厅2693平方米，高大、空旷，解决了人声喧杂的问题，并且与售票室、餐厅、货栈、检票口等设施衔接合理，给旅客带来极大方便。软席旅客候车室193平方米，贵宾室129平方米。天桥63米，地道85米，站台19115平方米。车站

修建中的大连火车站

立面设计简洁大方，气势宏伟。楼窗高大，透光明亮。车站两侧的坡道，汽车可直达二楼，乘客可免徒步之劳。坡道造型也很新颖、别致，恰似巨大的鸟翼要带着旅客展翅高飞。站前广场宽广平整，为下车的旅客提供乘车的方便。

大连北站建成前，大连火车站是大连地区唯一的一级火车站，是大连铁路有限责任公司辖区内最大的客运站。

为适应新世纪铁路交通的发展和大连城建事业的需要，2002 年大连市对旧车站进行了整修，增建了现代化的空中候车大厅和北大厅、北广场。

满铁大连医院

沙俄强租大连后，于 1899 年创建东省铁路大连病院，这是一所综合性医院，隶属于东省铁路公司，院址在今中山区胜利桥北。病院分别设有外科、内科、妇科、精神病科、花柳病科和传染病科等。1904 年，日本占领大连后，改为满铁大连病院。

1926 年，日本满铁新建医院正式营业，另选新址在今中山区解放街 6 号，1929 年 4 月更名为满铁大连医院。这是一座规模宏大、气势不凡、风格凝重的近代著名建筑。建筑物顶部的一圈白色将赭色造面的整体衬托得鲜明、亮

满铁大连医院旧影（嵇汝广提供）

文明寻脉
大连掌故

政记轮船公司

的企业，1904年，许家在大连开设安惠栈杂货店，此后经营顺利，发展很快，在大连先后开办安惠栈油坊、钱庄、特产代理店、杂货批发代理店、沙河口安惠栈支店、长春安惠栈特产代理店等。20世纪二三十年代，安惠栈以房产做抵押，又以政记轮船公司张本政为保证人，同日本三菱商事株式会社、三井物产株式会社、昌光硝子株式会社签订经销面粉、砂糖、玻璃、火油的合同。许亿年将面粉、砂糖包销到东北各地，从中获利巨大，使得安惠栈有能力向农业方面发展。1934年，安惠栈在营城子牧城驿购地近500亩，盖房近40间，打电井6眼，成立万亿农园，专门从事蔬菜生产、加工，又在马栏屯成立第二万亿农园；在梁家沟种植果树4000棵，养猪700头，养鸡4000只；设立货运汽车站，购进货车11台，另有3个浴池；雇用人员总计1000余人。他经营的安惠栈门类齐全，在西大连地区经济实力最大，1929年出任西大连商会会长，1950年病死于北京。

周子扬（1886—1953），名承武，甘井子区革镇堡羊圈子村人。西岗子头号大富商，1910年随其父在大连开设泰来当铺，1913年开办泰来油坊，每日生产豆饼1000片，每月可得2万元。20世纪20年代，其财产已超过

200 万元，是大连后来居上的大富商。临近 30 年代，油坊业日渐衰退，周子扬当即转向老本行当铺业，开设了 5 处当铺，成为当铺业和估衣业的霸主。这时，周子扬得益于协理韩冈璇（字佐衡）的协助，企业大有发展，先后开设了窑场、钱庄、杂货店、针织厂、粮栈等。1930 年开始投资房地产业，建设房屋近 2000 间。1943 年与许亿年等出资 125 万元买下露天市场，更名为乐天市场，又在农村购置果园和菜园。从 1924 年开始，他被西岗商会常务董事选为第一副会长，1940 年庞睦堂病故后接任会长。他热心公益事业，筹款兴建黑嘴子码头和黑嘴子大桥，辟建新开大街、大连西站货场等，做了许多好事。1953 年，周子扬病逝。

安承生（1873—1944），字春和，山东福山人。1906 年在大连开设双聚福杂货店、肉食店和粮栈。由于大连工商贸易日趋繁荣，各地商人来连经商货币不统一，给商人带来许多不便，安承生根据这一情况，立刻在自家店铺办理货币兑换业务。他是大连开埠以来第一个从事这种业务的华商，因此生意火红，日进斗金，后来发展到办理存贷、国内通汇业务，成为金融汇兑业务大户，是大连华人钱庄银号业的开山祖。他除了经营双聚福钱庄外，还有双聚福油坊、房地产等，并长期担任大连市商会常务董事。

郭精义（1876—1922），字学纯，号炳文，大连傅家庄人。1896 年任福顺成杂货店经理，1905 年开设福顺成分号，是华人首家经营规模比较大的对外贸易商行，又开设福顺成油坊（后改为福顺厚油坊）、福顺厚代理店、特产商号、银号、木厂、浴池等企业。1905 年，郭精义当选为大连公议会协理。1908 年参与创办《泰东日报》、宏济善堂。1914 年出任大连华商公议会会长。1921 年，在“金建制”风潮中坚决维护华商的利益。逝世时，当时的政府送匾额一方，上书“义声载道”。

庞睦堂（1882—1940），名志顺，大连柳树屯人。1907 年，在西岗子开设福顺义钱庄，资本金 20 万元，不久又开设福顺义第二钱庄。1919 年，在刘家屯开设福顺义油坊，1921 年又在寺儿沟开设福顺义第二油坊，每年产豆饼 50 万片。20 世纪 30 年代创建睦堂机制造纸厂。1923 年起任西岗商会会长，直到 1940 年病逝，时称“终身会长”。庞会长热心于公益事业，做了许多对中国商民有利的事情。

刘仙洲，山东登州人。早年随其伯父刘肇亿来连经商。刘肇亿是老八大家之一，经营顺发栈，是大连开港建城时期的最大承包商，从山东、河北招来大批民工，民工居住的香炉礁地区就是他辟建的。1905 年刘肇亿任大连公议会总理，1914 年卸任回山东，刘仙洲被推为公议会协理。1907 年，他经营的储蓄公司资本金达 40 万元，为大连华人最大的金融公司。

1945 年 8 月，大连解放时，新八大家只剩下 4 个人，即张本政、邵尚俭、周子扬、许亿年。

“油坊之都”

1905 年，日本帝国主义侵占大连后，为了发展本国的农业，采用豆饼做肥料和饲料，于是大连便成了大豆制品的加工地。为了开发油坊业，日本殖民当局实施“先款后货”和三年不纳税的优惠政策，因此外地的资本家云集大连，开设油坊，一时间大连的油坊如同雨后春笋般地涌现出来。到了第一次世界大战前夕，大连油坊业从无到有，发展到 46 家，日产豆饼 4 万多片，成为大连第一大工业，东北油坊业的集中地——大连也因此被称为“油坊之都”。其中日本人的三泰油坊和日清制油株式会社大连支店最为有名，财力最为雄厚。

大连码头工人搬运豆饼

大连油坊业经过多年的发展，到 1923 年达到顶峰，油坊户总数从 1915 年的 56 家增至 89 家，日产豆饼 30 万片，总产量占东北的 58%。这时期是大连油坊业的黄金时代。

从 1928 年开始，大连油坊业转入逐年衰退阶段，原因是当时整个资本主义世界爆发了经济危机，日本工厂半数倒闭，农业不振，豆饼需求量剧减。1929 年出口日本的豆饼比 1926 年减少 42.4%。1930 年出口量比 1926 年减少 41.9%。由于世界经济危机的影响，各国普遍实行关税壁垒政策，以图自救，因而也影响大连豆制品的出口。

1931 年“九一八”事变后，日本占据东北，日商三井、三菱等财团在东北各地设立粮谷收购站，东北大豆全被他们所控制，华商只得从日商手中转买大豆，于是成本提高，利润减少。后来伪满颁布《重要物资检查法》，大豆来源更加困难。1937 年“七七”事变前夕，大连油坊只剩下 45 家，年产豆饼 598761 吨。

“七七”事变后，日本帝国主义发动了全面的侵华战争，大连油坊业遭到空前的浩劫。日本关东军颁布《关东州重要产业统制令》，对油坊业加以百般限制。1941 年太平洋战争爆发，日本殖民当局规定，油坊业直接为关东军生产加工，纳入战争的轨道，组成了大东、协和两个集团。到了 1945 年日本战败投降，大连的油坊业已到了油枯灯灭的绝境了。

西岗大菜市

1905 年日本占领大连以后，在大连站北面设立了一个蔬菜水果商品中央批发大市场，老百姓都叫它“大菜市”。该市场地处东、西大连的中间和铁路北站、黑嘴子码头附近，交通运输十分方便。市郊农民生产的菜果都在这里进行交易，或者由市场进行统一收购批发，买卖十分兴旺。

1918 年春，中央批发大市场更名为大连青果统制株式会社，招商进场营业，有营业户 50 多家，经营菜果的大家有大和号、大聚福、同茂盛、同昌福等 10 余家。农民自产的农副产品可以进场自由贸易，议购议销，手续简便，收费不高，因此受到农户的欢迎。到了 20 世纪 20 年代，贸易额逐年增高，成为全市最大的菜果商品批发、零售市场。

进入 20 世纪 30 年代，市场扩大了营业范围，从南方各地购进各种细菜名果，又从台湾地区、日本和朝鲜运进黄瓜、洋葱、土豆、白萝卜、卷心菜、西红柿等应时鲜菜。这些商品除部分供给市内外，主要向东北、内蒙古东部等广大地区销售。因此该市场不仅是全市销售菜果的中心，也是东北地区的销售中心。

1941 年日本发动太平洋战争，实行战时经济统制政策，对菜果实行控制，由于海运受到美国潜艇的袭击，来自日本和外地的菜果进货奇缺，本地生产的菜果数量有限，市场经营状况一落千丈，在日本投降前夕，市场已濒临倒闭的边缘。

1945 年后，市场开始恢复营业，当时政府对蔬菜实行“自由种植、自由销购”的政策，大菜市私营大家三和顺、龙泰行、龙丰行等几家，经营销售都很兴旺。1955 年年末，全市实行公私合营，大菜市便改为国有企业。1960 年后，全市蔬菜交易在十大商场进行，大菜市一度发展停滞。

改革开放以来，西岗大菜市由市蔬菜公司、果品批发市场、兴业蔬菜批发市场三家组成，新建了商业大厦，每天进行贸易的人超过万人，车辆上千台，全市的零售蔬菜 70% 是从这里批发出去的。这里仍然是大连最大的菜果批发中心。

周家炉

周家炉是周文富（善亭）、周文贵（义亭）兄弟二人于 1907 年在大连小岗子大龙街开办的铁匠炉，专门制造、修理四轮马车和打制马蹄铁掌。因为他们姓周，老百姓都叫这个铁匠炉为“周家炉”。

周家兄弟原是旅顺元宝坊人，周文富早年在旅顺船坞机器厂当徒工，周文贵以赶马车为业。

周家兄弟对待顾客非常热情，承做的物件保证质量，因此深得顾客的信赖，要求订货和修理的日渐增多，生意兴隆，发展迅速，一年的工夫工人便增加到 30 多人。周文富负责马车修造，周文贵专管业务往来，兄弟俩配合密切，营业规模日趋扩大，周家炉名声大振，1910 年正式改名为顺兴炉。

日本占据大连后，大肆掠夺东北的大豆，利用中国的廉价劳动力，加工豆饼、豆油，销往国内和欧美各地，一时间大连油坊业飞速发展。但是中国油坊加工的设备陈旧老化，浪费人力、物力，出油率低。为了改变这种落后局面，周文富开动脑筋，终于制造出铁制螺旋榨油机，效果非常显著，产量大幅度上升，不仅大连的油坊前来订购，而且远销到东北各地。这时顺兴炉已发展为拥有 200 多人的机械大厂。

中国油坊虽然采用了螺旋榨油机，但是与日商三泰油坊以蒸汽机碾豆、冷气榨（即液压机）榨油制饼相比，差别太悬殊了。周文富想进一步制造冷气榨，但三泰油坊日本人严格保密，不准别人参观仿效。正在这为难之际，

周文贵、周文富兄弟

顺兴铁工厂内景

三泰油坊要检修机器，便找到顺兴炉。周文富抓住这个难得之机，利用一切手段，终于获得冷气榨的图样。不久顺兴炉仿制的冷气榨试制成功，价格便宜，出油率高，于是前来订货的络绎不绝。周文贵发了财，乘机扩大生产，增建厂房，更新机器设备，设立木样、翻砂、车床、虎钳、铆焊、打铁六大车间，拥有职工 700 余人，顺兴炉更名为顺兴铁工厂。该厂同日本官办的满铁沙河口铁道工场和川崎造船所并列，为大连有名的三大厂之一。

1912年，周家兄弟投资20万元，在哈尔滨创立振兴铁工厂，职工400余人。以制造油坊业机器为主，兼造江轮和机器检修，成为哈尔滨四大名厂之一。第一次世界大战国际航运不畅，豆饼滞销。周文贵计划在顺兴铁工厂附近自建高炉，制钢炼铁，以解决原材料的不足，但是遭到日本满铁的限制，前后只运来两车铁矿石，后来竟然拒运，致使高炉停产，损失 17 万元。1919 年，周家为了适应扩大生产的需要，在刘家屯（今民权街附近）购地 36000 平方米，新建厂房，计划制造轮船和汽车。但是日本殖民统治者不让中国民族工业兴起，多方刁难，百般限制，使得计划不能实现，工厂只得转向制造矿山卷扬机、通风机、抽水机等通用机械。此间哈尔滨振兴铁工厂突遭火灾，化为灰

大和旅馆旧址

大和旅馆

1909 年，大连南满洲铁道株式会社在大广场（今中山广场）南侧开工修建了一座豪华的欧式旅馆，取名“大和旅馆”，即今大连宾馆。该旅馆地上为四层钢筋混凝土结构，建筑面积 11376 平方米，客房 80 间，餐厅 10 个，由日本著名的青年建筑设计师太田毅设计，对面的日本横滨正金银行也出自他的手笔，1914 年，大和旅馆建成营业。

这是一座文艺复兴时期的建筑风格与巴洛克式建筑特点相融合的欧式建筑。其主楼正面中心部位横竖分断，中间二、三层用八根爱奥尼式扶壁柱作为主体，显得庄重古雅；门厅高抬，伸出精巧别致的拱式玻璃雨搭；四面转角墙和窗边、门洞多采用曲线造型，呈不规则变化，其色彩构图也与一般建筑物不同。整体建筑给人以古朴典雅、隽秀凝重的感觉，是大连市最具特色的近代著名建筑之一。

大和旅馆由日本人经营，知名度很高，东北各大城市都建有大和旅馆。

当年住在这里的都是日本军政要人、财阀大亨和其他知名人物。黄炎培（1918年）、汪精卫（1922年）、蒋介石（1923年）、孙科（1924年）、胡适（1924年）、康有为（1925年）等曾先后在这里下榻过。

1945年8月，苏军进驻大连，大和旅馆临时改做苏军驻大连警备区司令部。10月27日，警备区司令高兹罗夫在这里召开大连各界代表协商会议，选举产生市政府首脑。11月后，这里被辟为全苏国际旅行社。1950年年底移交给大连人民政府，1953年改名为中国国际旅行社大连分社。1956年改称现名。

大连解放后，这里曾接待过许多著名人物，包括刘少奇、周恩来、董必武、彭德怀、邓颖超、班禅额尔德尼·确吉坚赞，以及赫鲁晓夫、布尔加宁、苏加诺、竹下登等。

有轨电车

有轨电车是近代工业革命的产物，1881年世界第一辆有轨电车行驶在柏林街头，从此代替了马拉轨道车，成为城市的主要交通工具之一。从19世纪末开始，有轨电车在世界一些大城市中得到了迅速发展。

20世纪初，世界列强相继瓜分中国，进行经济掠夺和文化渗透，他们出于自己的利益需要，在中国的一些大城市，先后建起了有轨电车线路。1899年，我国最早的有轨电车在北京出现。1906年，天津也出现了有轨电车，接着，1908年在上海，1924年在奉天，相继建成了有轨电车的公交系统。

日本帝国主义侵占大连后，将这座港口城市作为侵略中国的桥头堡和掠夺东北物资的基地。1909年9月，满铁开通第一条有轨电车线路，从码头到电气游园，全长2.45公里，这是大连有轨电车的开始。至1939年，已建成10条连接全市的有轨电车线路，有的以大连火车站为中心，东至寺儿沟，西至沙河口火车站，南至老虎滩；有的以沙河口火车站为中心，南至黑石礁，北至周水子火车站；还有一条从中山广场至解放广场的线路。线路总长32.7公里，运行车辆近百台，这是当时大连城市主要的交通工具之一。

由于有轨电车有噪音、占道和雨雪天气行车不便等缺点，20世纪六七十年代，曾淘汰了部分有轨电车线路，只保留了15公里的有轨电车营运线路。

大连有轨电车试通车首日

行驶在常盘桥的有轨电车

但是有轨电车同其他交通工具相比，具有没有尾气污染、载客量大、营运时间长、维修率低、成本耗费低等优点，加之改进后新式有轨电车运行平稳，噪音得到控制，20 世纪 90 年代后，大连市政府决定建设现代有轨电车线路，以解决市内公交形势滞后和尾气污染问题。

现在，大连市的有轨电车不仅有了很大发展，还逐步形成了新的旅游交通景观。

马车会社

日本殖民统治时期，大连的主要交通工具是电车和从日本引进的四轮马车，又叫“日本马车”。这种马车比较快捷，还能运载小型物品，因此很受乘客的欢迎。四轮马车的结构也很简单，它的前边是两个小轮，后边是两个大轮，车轮是用胶皮镶嵌在铁轮上制成的。马车夫坐在车厢的前头，乘客坐在车厢里。平时车厢的雨篷放倒在乘客的身后，遇到风雨天，雨篷可支起遮蔽风寒。车厢里可以乘坐三四个人，驾车马一匹，车辕装有一盏煤油灯。

20 世纪 30 年代的客运马车

日本殖民当局为了控制和管理马车运输事业，在 1922 年 2 月，由日本人合资经营株式会社大连马车收容所，资本金 20 万元。后来转让改组为华资股份有限公司大连马车收容所，当时老百姓都叫它马车会社，董事长是西岗商会会长周子扬。

马车收容所地处沙河口白云山 22 番地（今白云山前）。收容所主要为在大连市内经营客货马车的业主、车夫以及马匹提供住处，在白云山前建有几十栋红砖瓦房、马厩和停车院落；制造、销售和修理马车及其零件；租赁马车；联系货物运输；打制马蹄铁掌、配备马匹和为病马医治等。收容客马车 700 余辆、马 1500 余匹、住宿者 3000 余人。寺儿沟还有一个马车收容所。

除四轮马车外，还有两轮的人力车，一人拉车，车上坐一人。它来自日本，所以又叫“东洋车”，总计约 1800 台。人力车夫集中住在今昆明街“小车大院”里。日本殖民统治垮台后，人力车也就消失了。

20 世纪 40 年代末，人力三轮车兴起，20 世纪 50 年代初，四轮马车最终退出了客运营业。

宏济善堂

1905年，大连洼口公议会改组为大连公议会后，日本殖民当局将地方慈善事业全部推给了他们。当时大连城建发展迅速，人口激增，社会救济费用庞大，公议会资金短缺，无力承担。公议会总理刘肇亿就仿照上海娱乐场所“大世界”义卖彩票（奖券）的办法，由工商大户筹集资金成立了宏济彩票局，将彩票获利的款项作为兴办慈善事业的基金。

1908年，刘肇亿等成立了宏济善堂（今大连市第三十七中学校址）。善堂的宗旨是“本堂为慈善机构，救济对象为中国人，不取任何费用”。该堂设总理、协理各一人，下设事务局，设经理一人，处理日常事务。事务局下设病院、抚孤、义地、济困、戒烟五大部。另外还创办永善茶园，后改名为宏济大舞台，将盈利投入善堂作为基金。刘肇亿首任善堂总理，郭精义任协理，周华吉任经理。1914年大连公议会改组，郭精义接任善堂总理，张本政任协理。1922年郭精义逝世，张本政升任总理，邵尚俭任协理，张洪五任经理。

宏济医院在当时是颇有名气的，医疗设备和医务人员的素质都很好。免费为穷人看病，每天门诊人数达200余名。

抚孤部主要是收容社会上的弃婴孤儿以及父母无力抚养的儿童，善堂提供食宿，送入学校接受教育。对于没有生活来源的寡妇、贫穷无助的老人和残疾人，善堂都发给补助或收容养老。

善堂还购置了一块坟地，作为义地供给无墓地的死者使用。凡是无力殡葬和无人管理的死者，善堂一律施给棺木和埋葬。

济困部是善堂对社会实行救济的主要部门。凡外地来连谋生不成而生活困难者，除给以临时安置外，还给食宿费遣送回乡。妇女被拐骗来连，又无亲友收留，善堂根据其意愿或遣返回乡，或帮助谋生。另外还举办施粥活动，每年冬季定期施粥3个月。

戒烟部负责上瘾烟民的劝诫工作，在戒烟期内，上瘾的烟民一律收容并给良药戒烟。

宏济善堂前期做了许多好事，为大连的穷人解困济难，但是到了后期，由于日本殖民当局的插手干预，成了某些人趁机营私舞弊的场所，戒烟部还贩卖鸦片，这时的善堂完全改变了初衷。

1949 年后，宏济善堂由大连市人民政府接管，改为大连劝业工厂。

大连公路

大连的公路始建于沙俄侵占旅大之后。1912 年，日本殖民当局重新制定了关东州道路建设规划，以“赋役”的方式，强令沿线农民修建公路，历时 10 年，基本上建成了城乡干支的道路网。当时旅顺是政治中心，大连是商业中心，为了连接两市，从 1921 年开始修筑旅顺至大连（南路）的公路，1924 年竣工，全长 46.8 公里，包括黄泥川洞和白银山洞，两洞共长 418.2 米。该路为辽宁地区第一条近代黑色公路。

1925 年，殖民当局开始对大连公路干线进行改建，包括大连至金州的公路，全长 27.7 公里；旅顺至大连（北路）的公路，全长 41.6 公里；金州至普兰店公路，全长 28.9 公里；周水子至甘井子公路，全长 4.7 公里。除大金公路是柏油路面外，其他都是碎石路面。至 1941 年年末，全旅大地区公路里程达 2870 公里，基本上达到干支道路网四通八达。

1910 年 2 月，外国某公司为了商业宣传推销轿车，送给满铁一台轿车，这是大连的第一台轿车。1913 年 8 月，满铁购进第一台美制 15 个座位的汽车从事市内客运业务，获得大连市第一号牌照，这是大连汽车客运经营之始，从此逐渐打破了人力、畜力车一统天下的局面。1917 年日本人创办大连汽车、马车株式会社，专门从事汽车、马车的修理和运输业务。1924 年 10 月，旅大南路竣工，日本人开始经营南路客运，这时大连和旅顺市内汽车客运也已开始，这便是大连最早的公路运输业。

20 世纪 30 年代以前，大连公路运输主要依靠畜力车和人力车，畜力车有双轮的牛马车和四轮的客用马车。人力车有 1906 年从日本引进的东洋车和人力板车，板车早期为铁轮，30 年代后改为胶轮。这些车运行于城区，而农村则完全依赖于牛马大车，30 年代以前的大车是铁瓦轮，笨重缓慢，此后逐渐改为胶轮，载重量多，行走轻快。据 1930 年统计，大连城乡有牛马货车 19380 辆、人力平车 6392 辆、客用马车 1151 辆、东洋车 2256 辆。

汽车是近代先进的交通工具，它的发展比较迅速，据统计，1918 年全市有汽车 80 辆，1923 年增至 229 辆，1935 年发展到 1984 辆，其中有出租汽

大连邮电

邮电业办理邮政和电信业务，前者包括邮件的收寄和传递、报刊发行以及汇兑等；后者包括电报、电话、传真、数据通信等。大连地区通信历史悠久，近代邮电通信已有百余年的历史。

大连近代邮电通信始于清光绪十年（1884），当年7月由天津架起电报线，经过山海关、营口，南抵金州、旅顺口，北至奉天，电线889公里，11月竣工，同时又在金州和旅顺口设立电报局，成为东北地区第一条电报线和第一个电报局。

光绪二十二年（1896），清政府在牛庄设立邮政口岸，其中有一条邮路就是经过大石桥、盖平（今盖州）到达大连湾、旅顺口，这是大连近代通信业的开始。

1899年10月26日，沙俄于旅顺口、大连和大连湾分别建立邮政电报局，1901年3月12日，在金州建立战地邮政电报局。当时大连地区收寄的邮件统经旅顺口转递。1900年，开发从旅顺口到圣彼得堡的公众电信。同年8月21日，沙俄建成旅顺口至烟台的海底电缆。1902年，大连市内建成拥有200门交换机的中央电话交换局，用户125户。长途电话通达旅顺口和沙河口砖瓦石灰厂和南泡崖采石场。据1902年统计，大连电报局经办普通邮件3.6万件、包裹332件、汇款1714件、电报4598件。

1905年，日本占据大连后，首先设立了118处邮电局、所。翌年9月1日，成立关东都督府邮便电信局。1919年设立大连电话局，1927年后改称大连中央电话局。1926年设立大连无线电信局和大连中央电报局。1911年至1930年间，建立大连海岸局，开通大连至东京、大阪、朝鲜京城、天津、北京间无线通信，并在沙河口和柳树屯建立收发信所。1919年至1926年，建立大连经朝鲜到东京的直通线，增设大连到长崎的另一条通往日本的海底电缆。此前在1906年，日本已从佐世保敷设一条海底电缆直至大连。1927年4月开通大连、旅顺到奉天、天津、北京的长途电话。1923年4月1日，建立了容量为8500门交换机的大连中央电话二分局。1923年到1943年期间，建立大连市内和貔子窝、金州等8个自动电话局以及旅顺、普兰店等10个人工电话局。至此构成了大连至日本、朝鲜和大连至东北、华北、华东的有

大连中央电报局旧址

线和无线通信网。

据 1942 年统计，大连邮路共 9207 公里，局、所 118 处，电话杆线 834 杆公里，架空电缆 275.8 皮长公里，地下电缆 25.4 皮长公里，市内电话交换机容量达到 26704 门，年发出电报 171.6 万份，长途电话 133.4 万张，信函 3861 万件，包裹 45.7 万件，汇兑 64.4 万件。

大连是日本的租借地，日本人歧视中国人，占大连人口 84.7% 的中国人装用电话仅占 23.7%，中国人与日本人邮寄信函之比为 1 ∶ 10，邮寄挂号信与包裹之比为 1 ∶ 7，汇款之比为 1 ∶ 27。从这些数字中，可以看出日本殖民当局蔑视中国人人权和起码的社会福利。

浪速町与连锁街

日本人为了发展他们的工商业，在大连中心地带，即火车站的两侧创建了两处大型商业区。1911 年，日商已达 1800 户，他们大多集中在这里，这里便成了当时大连最热闹、最繁华的商业地段。

1909 年，在车站东侧创建了浪速町商业大街（今天津街）。这个名字来源于日本巡洋舰的名字，为了宣扬它在日俄海战中的战功，遂以“浪速”作

浪速町

连锁街

为街名。浪速町西起今大连九州国际大酒店入口，东至今修竹街，全长 1720 米，街宽 16 米，车行路面宽 9 米。此间的中国商家由于无力承担暴涨的房租，逐渐西移到小岗子中国人的商业区，这里便成了日本商人的专营区。

浪速町的日商约计 500 余户，加上附近的日商就更多了。这里有 1930 年开业的辽东百货店（原天百副食品店），1933 年建成的几久屋洋行（今天百大楼），还有浪华洋行、辽东饭店（今大连饭店）、大阪书屋、大正车行、正隆洋行、永记洋行等等。

1935 年，在浪速町修建了门式街灯 30 余座，每座铜门上悬挂 25 盏白色圆形玻璃灯。入夜，明亮的灯光映照着大街，两旁商家的霓虹灯闪耀着五光十色，将夜晚装扮得一片辉煌灿烂，大街上如水的人流摩肩接踵，仿佛是在逛庙会，畅快的音乐增添了人们夜游的兴趣。这条浪速町给大连带来了极大的声誉，就日本来说，也是最著名的商业大街。但是好景不长，太平洋战争爆发之后，日本为了解决制造军火原料的困难，把街灯全部拆除，这表明日本军国主义的垮台已成定局。

1923年，在大连火车站西侧，日本人提议创建连锁商店街（又称连锁街，在今青泥洼桥北）。在满铁的资助下，动用工程经费1500万元，占地面积2.95万平方米，商店皆为钢筋水泥建筑，街面三层，街内二层。开设店铺200家，分为8个区段，均为日本人经营。1930年年末正式对外营业。经营项目有中外服装、鞋帽、食品、玩具、糖果、水果和五金交电、机械零件、汽车配件、油漆化工等工业用品。内设电影院常盘座、娱乐场所、儿童游乐园、浴池、食堂、邮局、银行、仓库等。连锁街是大连日商第二个集中商业地带，规模仅次于浪速町。在它的南面有著名的常盘桥市场（今大连商场）、三越洋行（今秋林女店）等等。

简仁南创办仁和医院

简仁南（1897—1969），字静村，台湾省台南市人。父母早亡，家庭贫困。1917年，考入台湾医学专门学校。在校期间，他参加台湾文化协会，宣传爱国主义思想。毕业后，先后在台南市医院、台南安仁堂医院行医。1922年4月，因参加抗议日本当局成立“台湾协会”的签名运动受到迫害。

1923年，他流亡到大连，在南满洲铁道株式会社大连医院任外科医生、中国人病房主任。1926年6月，参加大连中华基督教青年会，任会长兼平民学校校长，此间，他组织医生到市郊为农民治病。1925年，考入日本东京医学专门学校，获医学学士学位。1928年，在大连奥町（今民生街）78号处创立仁和医院。1938年，在寺儿沟设立分院。他同情贫苦病人，经常免费为码头工人治病。1940年，以《动脉硬化症的实验研究》论文获博士学位，此后又发表10余篇医学论文，成为日本外科学会、满洲医学会和热带病研究会等学术团体的成员。他是大连西医事业开创者之一。

1945年8月大连解放，他将自己的两所医院献给了人民政府。同年9月，他被选为旅连台湾同乡会副会长、大连市医师公会副会长。曾任市卫生局卫生科科长、卫生局考试委员会委员、大连医学会监察委员。曾任大连大学医学院解剖学教授。参加过辽沈战役辽南军区手术队，任队长。在抗美援朝期间，参加过大连后方医院对伤员的抢救治疗工作。

简仁南先后被选为台盟旅大特别支部主任委员、中国保卫世界和平大会大连分会委员、辽宁省第一届人民代表、大连市第四届人民代表、中国人民政治协商会议第二届全国委员会委员。

1969年4月，简仁南在“文化大革命”中被迫害致死，终年72岁。1979年得以平反昭雪，恢复名誉。

孟天成与博爱医院

孟天成（1882—1966），字学孔，台湾省台南市人。自幼聪敏，好学不倦，在叔叔孟叔齐的资助下，于台湾总督府医学专科学校毕业。1911年冬来大连，先后在满铁大连医院和宏济善堂医院任医师，后在奉天南满医学堂进修，1917年创建博爱医院（今大连市第二人民医院前身），任院长兼外科医师。

孟天成通晓日、英、德、法等多种语言，他一面从事医学研究，一面继续进修深造。1917年7月，他入日本东京帝国大学医科，学习泌尿科、皮肤科和妇产科；1924年2月，进福冈九州帝国大学医科学习皮肤科、鼻科、咽喉科、整容外科、牙科；1925年6月，入东京帝国大学医科学习妇产科和细菌卫生学。

1922年8月，孟天成从末梢血液与脾大的鼠蹊淋巴腺中发现了黑热病小体。为弄清辽南地区黑热病的流行情况，他深入查访80多个村庄，发现了百余名小儿黑热病患者，最终查清了黑热病的流行地域和发病原因。从1934年到1936年，他撰写了10余篇关于黑热病的论文和著述，分别发表在《满洲医学杂志》和《日本病理杂志》上，为此于1937年4月荣获医学博士学位。

孟天成在1932年创建了博爱医院分院（今首开铂郡小区地址），建筑面积为1000平方米，床位40张；1934年扩建博爱医院新院，建筑面积为4200平方米，床位400张；1942年又在甘井子新建了分院（今大连四院前身），建筑面积为1000平方米，床位60张，并为职工先后购买了三处宿舍。博爱医院和分院的医疗设备，在当时是比较先进的。

1946年5月，孟天成在报上发表启事，愿意献出本院和所有分院、宿舍的财产及药品、资料，为公安总局警士治疗。博爱医院更名为市公安总局医院，他出任院长。1954年，医院移交给市卫生局，他被调到解放军第二一五医院（原同寿医院，今五一广场大世界家居广场地址）任院长。

孟天成一生热爱医学，刻苦钻研，医术高明，声名远播，慕名前来就医者络绎不绝。他率先开展了新法接生，并开办助产士班，先后为东北、山东、上海培养了数百名助产士。他一生为4万多名患者解除病痛，为大连人民的健康做出了卓越的贡献，是大连地区西医学界的奠基人之一。

1966年5月，孟天成病逝于大连，终年84岁。

杨凤鸣和岐山医院

杨凤鸣（1892—1966），字岐山，号静修，大连旅顺人。祖居天津，父亲是北洋军官。

1919年，杨凤鸣从奉天南满医学堂毕业后，来到满铁大连医院任医师。此间他参加了大连中华青年会，当选为副会长。1922年，他赴日本京都帝国大学医学部深造了两年，回国后在满铁大连医院任内科主任。1931年，他在西岗大同街自建岐山医院，并出任院长，这是一所具有一定规模的综合性医院，有房屋百间，住院、医疗都很方便，在大连颇有名气。

杨凤鸣很有民族气节。伪满洲国成立后，曾多次请他出任卫生部大臣，均遭拒绝。

杨凤鸣在医学上有精深的研究，他撰写的中华民族血型研究论文《人种血型研究》，在医学界颇有影响，20世纪60年代初该论文曾被英国血液病学界引用过。

大连解放后，杨凤鸣倡议并联络同人张凤书、简仁南、王义心等，组成大连医师公会，被推举为会长。1947年，他停办自家医院，出任关东（旅大）公署卫生厅厅长，协助政府开展医疗工作。在他的主持下，制定了许多大连卫生管理法规；整顿医师队伍，举行中西医师考试、考核、发证工作；组建过战地医疗队，支援东北解放战争。

杨凤鸣从医40多年，是大连西医界的老前辈，他工作认真，勤奋好学，知识渊博，为大连卫生事业的发展做出了贡献，是大连地区西医学界的奠基人之一。他通晓日、英、德三国语言，为了发展医学技术，埋头钻研10余年，编译出10余万词条的书稿《英汉德日医学辞典》。此外，他在文学方面亦有造诣，善作诗，1945年出版了《岐山诗集》。

岐山医院旧址

兹列举四首：

金州道

明珠合浦几时收，国破山河恨未休。
到此无端增感触，孤城乔木古金州。

丰碑巍岿势凌云，胜负当年此地分。
社稷兴亡关士气，斜阳立马忆将军。

响水寺

翠霭凝空不可攀，通幽端赖画桥弯。
寺名何待山僧说，悬瀑投溪响漩澴。

重游小平岛

旧时烟柳旧时村，旧地重游旧梦痕。
旧雨今番何处去？不堪人事暗销魂。

1966年9月3日，杨凤鸣因在“文革”中受迫害投井自杀。1979年4月，国家为他恢复名誉。

昔日五大市场

随着大连城市建设和商业的发展，从1905年开始陆续开张了有名的“五大市场”。它们以经营副食品为主，辅以日用百货，全部采用集中分摊式的经营。这五大市场是：

信浓町市场 地处大连火车站前至胜利桥一带，是当时最繁华的地段，店铺林立，商业繁荣。1905年日本人在这里建起了木板简易房，作为综合性的大市场。初建时有店铺75家，中日商家各半，一年的销售额为40万日元。1935年因修建大连火车站，市场被迁至常盘桥（今青泥洼桥），1936年在常盘桥新建营业大楼，1938年正式营业，改名为常盘桥市场。营业大楼占地面积6570平方米，经营面积5855平方米，商户130余家，从业人员达400余人，经营百货、服装、土杂、副食品，日平均客流量达27000余人次，日均销售额2万日元。它是当时规模最大的综合性商场，中华人民共和国成立后更名为大连商场。

山县通市场 地处今人民路。该市场建于1914年，占地面积10000平方米，建筑面积1864.5平方米，店铺近40家。该市场周围均是大银行、大商社、大企业，居民甚少，客流量不大，营业清淡，日商占多数。中华人民共和国成立后改为民寿商场。

千代田市场 地处寺儿沟春和街，创建于1921年。初建时有店铺13户，顾客大都是中国人。其规模仅次于前两个市场。20世纪30年代中期，有店铺24户，日商只有1户。中华人民共和国成立后改称春和商场。

小岗子市场 建于1909年，是中国人最早的商场。占地面积6300多平方米，建筑面积600平方米。该市场地处繁华的西岗大龙街，顾客多是中国人，生意非常兴旺，顾客日流量和销售额仅次于信浓町市场。1920年春节发生火灾，市场化为灰烬，其后修成简易店房。中华人民共和国成立后更名为西岗市场。

沙河口市场 建于1922年，它是以满铁沙河口铁道工场为中心而发展起来的。营业面积600平方米，顾客多为日本人。开始时只有19家店铺，到了1928年经过整顿，店铺增至40家，日商占多数。中华人民共和国成立后更名为民勇商场。

大连商会

19世纪末以来，俄、日帝国主义相继侵占大连，为建立侵华基地和掠夺东北物资，对大连实施开发建设。大连的民族工商业就是在殖民统治下逐渐产生和发展起来的。大连旧商会便是大连民族工商业者自己的组织，在当时殖民当局严密控制下开展活动，几十年中，它为广大工商业者和市民做过一些有益的工作。旧商会的组织形式经历了四个时期。

洼口公议会（1900—1905） 1899年沙俄开埠建市，到了日俄战争前夕，大连已是初具规模的港口城市，市区有工厂、商店500余家，工人万余人，承包商17家，最大的承包商是纪凤台、刘肇亿、张德禄。1900年成立的洼口公议会是大连最早的商会组织，会董由有经济实力的八大家充任，他们是德和号、顺发栈、福顺栈、同兴德、同盛德、公顺栈、洪成兴、双盛泰的经营者。公推张德禄为总理，刘肇亿为协理。其主要任务是维持社会治安，解决商民纠纷，征收税金，发行地方钞票等。

大连公议会（1905—1913） 1905年至1945年是日本殖民统治时期，商会三易其名，最初叫大连公议会，它是在洼口公议会的基础上进行改组，成立于1905年10月，辖区是东大连（今中山区），公推刘肇亿为总理，郭精义为协理，会董由8家扩大为32家。公议会主要任务是办理商户注册，报领建厂建店场地，开辟商业街道，开放夜市，筹建菜市场，兴办医院、学校，创建消防组织等。这个时期工商户由1904年的77户增加到204户；资金由420万元增加到2240万元；生产总额由270万元增加到1900万元。

大连华商公议会（1914—1930） 为区别日商的商会组织，大连公议会改组为大连华商公议会。公推郭精义为总理，李子明、张本政为协理，会董32人。1919年换届时，郭、李、张连选连任总理、协理。1922年郭精义逝世，李子明接任。1927年李子明病故，张本政接任总理，刘仙洲、邵尚俭为协理。当时大连工商业者来自四面八方，分为四大帮派，归属于新八大家。四大帮是本地帮、山东帮、河北帮和南方帮，其中本地帮和山东帮占优势。资金雄厚的新八大家是刘仙洲（刘肇亿亲侄，储蓄公司经理）、郭精义（福顺厚油坊经理）、张本政（政记轮船公司经理）、邵尚俭（天兴福经理）、庞睦堂（福顺义油坊经理）、周子扬（泰来油坊经理）、许亿年（安惠栈经理）、安承生（双聚福油坊经理）。华商公议会做了五件大事：郭精义领导全市工商界对日本殖民当局的“金建制”进行抵制和斗争，取得胜利；创建大连宏济善堂，实施恤寡抚孤、育婴养老、戒烟施棺、义葬济贫等义举；修筑黑嘴子码头海岸桥；为直、鲁、豫三省大水灾募捐；创办《泰东日报》。这个时期，大连经济呈上升趋势，民族工商户由1912年的204户增加到294户；资金总额由2240万元增加到6500万元；生产总额由1900万元猛增到12600万元。

大连市商会（1931—1945） 1931年，大连华商公议会改称为大连市商会，辖区仍是东大连，推选张本政为会长，刘仙洲、邵尚俭为副会长，直到1945年旅大解放，商会换届三次，张、刘、邵三人连任正、副会长。1942年刘仙洲病故，由金蓉波补任。日本殖民当局为进一步控制商会，委派关东州厅高等刑事薛余堂为商会书记长，处理商会日常工作。张本政是亲日派，商会处处迎合日本殖民当局的意旨，为其主子推行各项经济法令，强行摊派各种债券，成了附逆祸国、为虎作伥的工具，商会在商民心目中早已没了威望。

大连市除了大连市商会是具有全市性的商民组织外，还有四个区域性的商会，即大连西岗商会、西大诈商会、刘家屯商民会和寺儿沟商民会。

大连西岗商会（1908—1945） 西岗居大连市中部，1908年，民族工商业户已发展到1200余家，是中国人经商的中心地，经营户数与商情繁盛状况已超过当时的东大连（今中山区）。西岗华商公议会成立于1908年10月，杜寿山为会长，苏贵卿为副会长，会董26人。1914年5月换届，新选牛作周为会长，徐瑞兰为副会长，会董24人。1917年至1920年，商会两次换届，牛、徐连任正、副会长，在西岗商会史上称为“牛会长时代”。1923年换届，公推庞睦堂为会长，周文富、徐瑞兰为副会长，常任董事12人。1926年换届，庞睦堂连任会长，周子扬、阎之汝为副会长。1929年换届，庞睦堂连任会长，周子扬、周作之为副会长。1932年西岗华商公议会改称大连西岗商会，庞睦堂连任会长，周子扬、王文川为副会长。1935年换届，庞睦堂连任会长，周子扬、徐宪斋为副会长，此时增设特高刑事程国庆为书记。从1923年至1940年，在将近20年的时间里，庞睦堂始终在任会长，史称这段时间为“庞会长时代”。1940年庞睦堂患痈症去世。会长由周子扬接任，栾诚九、王少臣为副会长，直到 1945 年大连解放。西岗商会为商民和市民做了许多好事，影响深远，如为解决华人子弟就学困难，1922 年创建西岗子公学堂（今大连一中校址）；为适应工商业者经营业务的需要，举办实业、会计、珠算、英语补习班；为使中国子弟接受中学教育，1933 年设立大连协和实业学校（今解放军第四〇三医院院址），培养许多人才；为商民建立货物西站；开辟新开大街（今新开路）；成立消防队等。

西大连商会（1929—1945） 西大连是指沙河口西部地区，工商户多达千余家，该商会成立于 1929 年，许亿年为会长，刘先鸿、周家璧为副会长，会董 40 人。许亿年任职到大连解放。西大连商会本应合并于西岗商会，没有必要另立。但许亿年经营的安惠栈门类颇多，农、工、商俱全，经济力量雄厚，是新八大家之一，又得到日本殖民当局的支持，所以在一市之内，便出现鼎足三立的局面，这在商会史上是罕见的，也体现了日本殖民统治当局“分而治之”的政策。

刘家屯商民会 成立于 1916 年，辖区在今五一广场以西民权街一带，位于沙河口东部。商户多为小商贩，其中以大烟馆、饭馆、妓院、赌场较多，是一个比较繁荣的区域。会长是铁路工程承包商崔青林。该会会费收入相当可观，许亿年多次要求合并，但没有成功，最后协商的结果是刘家屯商民会每月将会费的四分之一转让给西大连商会。

寺儿沟商民会 成立于 1916 年，辖区在今三八广场以东地区，会员都是小型工商户。首任会长郭子珍，副会长高振荣、王树兴。郭子珍去世后由高振荣接任会长。王树兴去世后由关云善接任。

露天市场

露天市场是大连当年最大的市场，是由清末肃亲王善耆和他的日本顾问川岛浪速创办的。

日本特务、浪人川岛浪速是东京外国语学校的毕业生，能说一口流利的北京话，在中日甲午战争和八国联军侵华时，他充当翻译官。1900 年，慈禧太后和光绪皇帝西逃时，肃亲王随銮护驾，返京时在京郊受阻。通过川岛从中斡旋，紫禁城得以保全，慈禧太后和皇帝安然入京，为此川岛受到清政府二品客卿的恩赏。肃亲王同他的关系非常亲密，任命他为北京警务学堂的总

大连露天市场（嵇汝广提供）

监督，负责培训清政府高等警官的工作。1907 年，两人结为金兰，肃亲王又将自己的女儿显玗送给他为养女，改名叫川岛芳子（即金璧辉），川岛芳子后来成为日本军部的著名间谍。1912 年，肃亲王在川岛的监护下，全家迁移到旅顺口，他把复辟的愿望寄托在川岛身上。

1918 年前后，肃亲王在两次“满蒙独立运动”中将自己的万贯家产全部耗尽，而当时全家生活所需和关东都督府派去的侍卫人员津贴费都一无着落。为了应付燃眉之急，由川岛出面与日本殖民当局联系，殖民当局考虑到肃亲王的利用价值，决定给予他特殊照顾，于 1921 年批给他 4 万平方米空地，作为建立商业市场之用。川岛一手经办市场，他向东洋拓殖会社贷款 30 万日元作为筹建经费。

露天市场的法人代表是肃亲王的长孙连组（宪章之子）。肃亲王长子宪章因为脑袋大，人称“大头王”“大头太子”，他整天吃喝玩乐，不务正业，因此肃亲王没有委派他做市场的法人代表，市场的经营大权完全操纵在川岛手中。

露天市场总管理机构是事务所，凡是要求进入市场营业者，必须经过事务所同意，再由警察署批准方可领到营业执照。事务所主任由川岛派其亲信充任。主任以下设总办、协办各一人；总办之下设办事员若干人，此外还有勤杂人员。

露天市场位于今西岗区，东自沈阳路（原桥立町），西至长春路（原尾上町），北起长江路（原西岗街），南至新春街，这个狭长地段，面积 4 万平方米，分成 4 个区段。

市场从北向南依次划分成一、二、三、四区。

一区位于今长江路与永丰街之间，面积最大，占地 1.2 万平方米，有房屋 22 栋。这里有天光大戏院、露天评剧场、福聚楼大烟馆、双喜俱乐部、饭馆、当铺、赌场、浴池、妓院等。

二区位于今永丰街至民权街之间，占地 1 万平方米，有房屋 22 栋。市场事务所设在本区。这里主要经营卖旧货、说评书、占卦、测字、杂耍、押宝、赌场等。

三区位于今民权街至振华街之间，占地 1 万平方米，有房屋 19 栋。这里主要是旧物市场，买卖旧衣服、陶器、柜箱、厨房用具等生活用品，还有小饭馆、小旅店、成衣铺、理发馆、小书铺等。

四区位于市场最南头，在今振华街至新春街之间，占地 8000 平方米，除少数木板房外，大部分为空地。区内主要经营房屋修建、废旧建材、仓库储存、空地出租等。

市场四周用木板作为墙，空地上无棚盖，所以叫露天市场；因为销售旧物破烂，又叫“破烂市场”；还因有人出售偷来的赃物，叫“小偷市场”。

露天市场既是娱乐场所，又是生活用品的卖场，因此每天客流量无法估计。它的名声越来越大，凡是外地来客，甚至外国人路过大连，都要来到这里欣赏一番，成了当时的旅游热点。

露天市场在川岛的操纵下，固定店铺逐年增加，各类摊贩有增无减，客户有 500 多家，每年收入净利数万日元，每月除拨给肃亲王府费用 2000 日元外，其余完全由川岛支配。

到了 1943 年，日本败局已定，川岛急于捞钱回国，将市场以 125 万日元兑给了张本政、周子扬、许亿年等。川岛自己拿走 50 万日元，分给肃亲王长子宪章 30 万日元，次子以下每人 3 万日元，孙辈没有，其余部分给了日籍职员。

当时大连地下党的人员，常利用此地为掩护进行地下活动。如赵恩光、赵鸿诰、李彭华等人曾摆过洋服摊，把营业得来的利润作为党的活动经费。

大连解放后，市场更名为博爱市场，1947 年，博爱市场被政府接管。

1949年，由于国营商业的发展，博爱市场宣布停业。20世纪60年代，市场被拆除，盖上了高楼大厦。

1949年，川岛浪速病死在日本东京。

新开大街

俄国租借大连后，将青泥洼桥以西的小岗子划为中国人居住区。随着大连的开发建设，人口逐年增加，到了1905年日本占领时，小岗子已经成了中国商业街。1921年，在今博爱街一带，肃亲王善耆兴建了一处露天市场，使居民突破了10万人，商家增至2000户，通行的街道更显得拥挤不堪。到了20世纪30年代，小岗子人口占全市的一半，商民增加迅速，工商业繁荣，其程度不亚于东大连（今中山区）的日本商业街。但是整个街道很落后，全是些石板路或是泥沙道，到了雨雪天，泥泞路滑，给顾客和行人带来许多不便，而日本商业街全是柏油大马路，这正是租借地的特点。殖民当局根本不考虑中国人的需求，只管向中国人收税要钱，而当时小岗子工商业缴纳的税款占大连财政收入的大半。

1928年，西岗商会会长庞睦堂代表当地商民向殖民当局申请拨款批地修路，当局一直拖延不理；后来商会决定由华商募捐集资，辟街筑路，当局还是迟迟不予准许，最后只得请大连市商会会长张本政出面交涉，终于在1931年春获准修路。

新建马路从1931年夏天开始动工，地址在最热闹的地段，南北方向辟出一条大街，南起人民广场东侧，北行越过电车道至铁路线。两旁的商家和居民，由商会给予补助限期动迁。终于在1933年夏天，一条崭新的柏油马路修好了，定名为“新开大街”，中华人民共和国成立后改名为新开路。

1934年，大街两侧开始栽树、安装路灯、开放夜市，大街北头的铁路线上又架设了立交桥（今北岗桥），同铁路北站、黑嘴子码头和大菜市连成一线，形成了一个完整的商贸体系。

新开大街建成后，许多大商家纷纷来到这里经商贸易，成了西岗子的商业中心。它的西侧是最热闹的露天市场和福兴大戏院，东侧是小岗子市场，北边是烟馆、妓院、赌场。围绕着新开大街周围的商业活动直到深夜，到处灯红酒绿，光彩璀璨，成为大连的“不夜大街”。

三越洋行与几久屋洋行

三越洋行

1898年，沙俄强租大连后，俄商在青泥洼桥开设了俄罗斯百货商店，专营俄罗斯商品，以供应俄国官吏及其家属，也对中国人开放。

1905年日本占领旅大后，该商店收归军管，经营效益不佳。1933年，日本东京三越洋行委派董事北田内藏等人来大连考察商务。第二年，东京三越洋行总店决定收购俄罗斯百货商店的全部资产，并投资500万日元，改建成为地上五层、地下一层的钢筋混凝土结构的白色的百货大楼——三越洋行大连支店，即今天的秋林女店。该建筑模式同东京三越洋行总店一样，建筑形式简单，墙面平整，窗式稍加组合，只在出入大门和女儿墙上做了一些花饰。楼顶的塔楼装饰美观，成为商店的标志，是大连近代著名建筑之一。

1937年9月，三越洋行大连支店正式营业，地下一层和地上三层经营百货，四楼为中西餐厅，可容纳顾客300余人，五楼主要展销欧美新潮产品。该洋行经营欧美商品，这是它的一大特点。为了同几久屋洋行竞争，东京总店通过各种渠道组织货源，支援大连支店，以增强其竞争力，同时又委派得力人员井上庆吉来大连支店担任总经理，主持支店的经营业务。井上庆吉与

三越洋行大连支店

几久屋洋行大连支店

几久屋洋行的岸田正次郎的经商能力不差上下，只因几久屋洋行出售日用小商品，赢得顾客较多，而三越洋行偏重于高档商品，顾客稍少，于是三越洋行的营业额稍差于几久屋洋行，位居全市第二。但是三越洋行是以出售高档外国商品而闻名东北的，再加上地处火车站和汽车站附近，往来顾客人数超过几久屋洋行。

1945 年 8 月，苏军接管了三越洋行大连支店，更名为秋林股份有限公司，供应对象是苏军及其家属。1953 年 10 月，大连市政府接管经营，将其改称国营大连秋林公司。现为大商集团分店之一，专营妇女用品。

几久屋洋行

1931 年，日本国会议员岸田正记来大连观光游览，日本商工会议所所长相生由太郎向他介绍，浪速町缺少一家综合的百货大商店，一再劝他投资经营。岸田正记是日本广岛地区的大财阀，其父是经营百货的高手，在日本大阪开设的几久屋洋行很有名气。后来岸田正记决定在大连、奉天两地开设几久屋洋行支店。1932 年他投资 300 万日元，在浪速町 11 番地（今天津街）动工兴建大连支店，1933 年 10 月正式营业。

几久屋洋行大连支店开业后，连年盈利，到 1940 年兼并了邻近的商家后，

人物春秋

翰林徐赓臣和李绪昌

徐赓臣（1824—1880），字韵初，号东沙，复州太平庄人。

年少天资聪慧，才华横溢。4岁能背《百家姓》，5岁能诵《三字经》，6岁能读《名贤集》和《唐诗三百首》。有一年家乡唱大戏，有人要他为戏台子写对联。他欣然接受，提笔写出：

唱本两个曰，曰喜怒曰哀乐曰出一口；

戏（戱）原半边虚，虚帝王虚将相虚动干戈。

观众看了，莫不称好。

1849年，年仅26岁的徐赓臣成绩优异，科拔贡生，授工部虞衡司七品京官。四年后举进士，钦点翰林院庶吉士。在翰林院长年背井离乡。一天，咸丰皇帝来到翰林院，见他有思念家乡之情，便道：

十口心思，思父思母思妻子。

徐赓臣应道：

寸身言谢，谢天谢地谢君王。

咸丰皇帝甚为欢喜，当即允假，让其回家探亲。

后来徐赓臣选授直隶广平府肥乡县知县。任知县时，救治蝗灾，赈恤饥民，政声颇佳。

1867年，他应鲍春霆提督之请，驻防南阳，出奇策，破捻军，升任直隶州知州加知府衔，赏戴花翎。

两年后，徐赓臣辞官回家，在横山书院执教。五年间，复州文风大振，他培养了许多弟子，不取分文，其高尚品德为人传颂。1880年农历八月十四日，徐赓臣病逝，终年57岁。

徐赓臣著有《韵初遗稿》《斯宜堂诗稿》，今由其后人辑成《斯宜堂诗钞》出版。徐赓臣曾作《鸦片词》48首，今录其二首供赏：

可叹富家郎，要趁时，莫主张，无端

徐赓臣书法

上了终身当。何必赌场，何必宿娼，管教断送洋烟上。不思量，油灯一盏，烧尽好田庄。

利害说难周，吃烟人，不自忧，万般烦恼皆身受。为甚来由，罗网轻投，思量好处全无有。劝君休，光阴易逝，发恨早回头！

徐赓臣仿唐刘禹锡的《陋室铭》作《吗啡铭》，以诫后人，全文如下：

针不在长，能锥则行。药不在多，过瘾则灵。斯是吗啡，唯吾心倾。瘾来牙根紧，锥上抖精神。药痕沾手白，有色透皮红。可以烂身体，丧残生。

无官吏之干涉，有败产之恶行。南则青泥洼，北则奉天城。铁痴曰：欲罢不能。

徐赓臣尤擅书法，行、楷俱佳，刚劲潇洒，俊秀飘逸。他博学多才，工诗词古文，一生有许多佳作。

大连地区最后一位翰林是营城子牧城驿的李绪昌（约 1837—1875），字衍堂。幼年好学，资质聪敏，受其父李庚西的影响，学业有成。清同治三年（1864）中举人。翌年殿试为二甲第七十九名进士，钦点翰林院庶吉士；后晋升为翰林院编修，正七品；又晋升工部主事，正六品。后因精神疾病回乡休养，病殁于忧郁中，终年 38 岁。

李家府宅位于村中央，为村中唯一青色砖瓦四合大院。红色 6 扇大栅门，门右有一旗杆，为官府所立，是翰林的标志，骑马过此应下马。人称其家为“旗杆底老李家”。

1949 年后，旗杆和夹杆石被毁，府宅归公，曾用作学校、幼儿园、青年点宿舍等，现已被拆除。

为官清廉乔有年

乔有年，字椿溪，号古农，大连甘井子区营城子双台沟人。

乔有年少时聪慧，才华横溢，为文辞章简练，意趣深刻，为人胆识过人，见解超常，不顾私利，承担公义，居官清廉，明断公案，深为时人敬仰。

咸丰末年，金州官署不顾农民实际生活状况，递年擅增粮税，百姓无力承受，叫苦不迭，乔有年勇与官署力争减除，终得解决，并立规约，刻石永训。

同治七年（1868），康七、于龙川等率众 300 余人围攻金州城，衙署官员闻风逃逸，水师协领穆谨欲进兵镇压，副都统不许，百姓惊恐不安。在这万分危难之际，身为进士的乔有年不顾个人生命的安危，肩负众望，只身冒白刃之险闯进康营，以理劝说，终于说服了康、于，免除了一场格斗厮杀之灾。

同治十年（1871），金州西暴雨成灾，粮食颗粒无收，官署照常征税，韩道观率300余人，赴金州官署哀恳赈恤救灾。金州副都统安图、衙署司员满洲防御奎三以“哄堂塞署”之罪，将韩道观、金成已等9人捕押。时遇乔有年归家过年得知此事，于正月初三骑马抄小路赶回京城，奎三暗派刺客追杀，未遂。乔有年抵京恳求同乡邓御史向朝廷申奏两次，朝廷命钦差赴金州查办两次，同治十二年（1873）冤案终得昭雪，韩道观等9人无罪开释。安图罚杖五十，降为骁骑校，不久抑郁而死，其他官员均受惩处，同时灾民也得到应有的赈济。在这场官司中，幸亏乔有年当仁不让，多方奔走，致使韩道观等得以生还。事隔百余年的今天，每当提起此事，乡民莫不交口称赞乔有年之义举。

光绪元年（1875），乔有年由工部主事降为知县，在出任山东章丘知县时，曾巧断、平反了一大冤案，广为时人称道。原来章丘城里有甲、乙两家订为亲家，两家各有一子在校读书，为郎舅。乙家子的姐姐把荷包托其弟转给甲家子，但荷包被大学长抢去。乙家子没敢把此事告诉姐姐。后来大学长以荷包冒充未婚夫骗奸了乙家女，怕事暴露又打死了乙家子。于是乙家诉之于县，县官抓去两家子女，久未决案。乔有年到任，疑有屈情，设计查出凶手臂上有一黑疤。第二天，乔有年召集学生吃面，天热脱衣，乔有年发现臂有黑疤者就是大学长，经审讯大学长供认不讳，甲、乙两家子女得释。

乔有年为咸丰八年（1858）的举人、同治元年（1862）的进士，任工部主事（正六品），光绪元年（1875）降为知县（正七品），历任山东蒙阴、沂水、章丘等知县，为官清廉，明断公案，政绩卓异，后升至知州（从五品），未任而卒，据说被人所害，葬于济南府城外。

长江水师大臣李秉衡

李秉衡（1830—1900），字鉴堂，大连庄河人。

他年少好学，又习武功。捐资县丞，出任直隶完县、枣强县知县。光绪三年（1877）奉命办理安州水灾事宜，深入灾区，察看灾情，工作精心，废寝忘食，发放救济粮款，妥善处理灾民的生活和生产，政绩突出，升任蔚州、

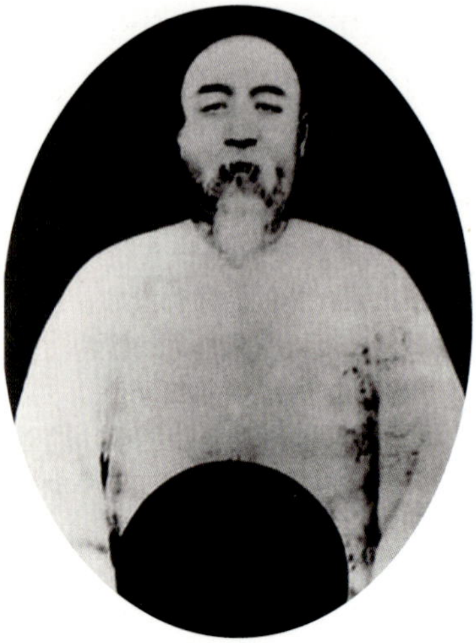

李秉衡

冀州、直隶州知州。光绪七年（1881）升任永平府知府和山西平阳知府。在任期间，一贯提倡廉政奉公，所有官吏不得惊扰百姓，时有“北直廉吏第一”之美称。

光绪九年（1883），调任广西按察使。光绪十一年（1885），任护理广西巡抚。时值法军入侵镇南关，他与清将冯子材分任战守，全力支持前线军火粮饷，设立医局救治伤员，鼓励将士打击法军，为战胜法军提供条件。战后修建了镇南关城楼。

当时，广西遭受水灾，受灾4万户，灾民20万人。他亲临灾区，动员绅商开办粥厂，营救灾民，他带头捐银400两，促使广西官吏捐银20万两，解决了灾民的困难，为救灾和恢复生产创造了有利条件。

光绪二十年（1894），他任山东巡抚，正值中日甲午战争，亲赴烟台、威海，苦心筹划，调拨将士，防守海口，并令登莱各县举办团练，以防日军入侵。在烟台扣押临阵逃脱的旅顺口港坞工程局总办兼北洋沿海水陆营务处会办龚照玙，龚照玙再三恳求宽恕，答应返旅参战，才将其释放。

光绪二十三年（1897），他在处理“巨野教案”时维护了百姓的利益，

李秉衡故居

得罪了德国人，德国借机占领胶州湾，并要挟清廷将其革职，清廷无奈将其降职二级，他辞去四川总督之职。

光绪二十五年（1899），他奉命查办“奉天事件”，查明奉天将军依克唐阿与下属寿长、荣和相互勾结，胡作非为，克扣军饷，贪污腐败，致使军队濒于哗变。由于他处理及时，避免了一场兵变。

李秉衡是个保守派，坚决反对洋务运动和维新变法，反对学习西方科学技术，反对修铁路，反对设立邮局、电信局，反对开矿山，反对发行纸币，反对设立学堂，反对李鸿章的外交政策，反对俄国修建中东铁路，等等。

光绪二十六年（1900），八国联军进攻天津，他时任长江水师大臣，率军保卫北京，兵败自杀。

清廷赐封他为光禄大夫、建威将军，谥忠节。

金州名绅刘伯良

刘伯良（1854—1925），原名心田，号秋农，大连金州人。先祖为殷实大户，素有“南山刘家”之称。他出身书香门第，自幼饱读经典，为人刚直不阿，仗义疏财，关心公益，闻名乡里，是金州一位德高望重的名绅。

1885年夏，清铭军提督刘盛休驻防金州城南，当地农民担心清军扎营占地而失去生活来源。刘伯良知道后求见刘提督，愿以自家土地供清军使用，请求不要占用民田。刘提督非常敬佩他的大义行为，呈请上峰保举他为把总衔（正七品武官），但他无心功名，婉言谢绝。

1898年，俄国强租旅大、金州城为自治地，但俄国为占据这座孤城，以城内藏有清兵为由寻衅生事，在南山架设大炮，企图轰击金州城。刘伯良闻知后急赴俄营说明城中无一清兵，并甘为人质留在俄营。后经俄兵搜查果如其言，遂将其放归，金州城百姓的生命财产和文物古迹免遭劫难。

日本占领金州后，设置民政署，刘伯良任民务长。在职期间，他想方设法保护中国人的利益。1917年，民政署署长强令城内四街安装路灯，百姓叫苦不迭。他多次向署长陈诉百姓的困难，最终停装路灯，百姓负担得以解除；他还为免除百姓的各种苛捐杂税，同殖民者协商，力争减消。

刘伯良很关心当地的教育事业，俄国占据金州后，他同当地名人王永江、曹正业创办了金州南金书院民立小学堂，积极扶持乡里教育，培养人才，为

王永江

荒来到金州。父亲王克谦，母亲邱氏。他与弟弟永潮同为贡生，能文，世称“金州二王”。

早年学习中医，在旅顺创立“采真堂”中药铺，坐堂看病。1905年歇业回家，被推为金州公学堂南金书院监理，因反对日本人的奴化教育而离职。

1907年，应友人袁金铠之请，任辽阳警务学堂教习。翌年被委任辽阳巡警总局局长。1913年，转任辽阳、海城、牛庄等地税捐局长。1915年，任奉天省地捐局长兼官地清丈局长等。1916年，任奉天省督军署高级顾问、奉天省警务局长兼警察厅长。1917年，任奉天省财政厅长兼东三省官银号督办。由于对全省财政金融的大力整顿，财政情况大有好转，增加了积累，还清了欠债，整饬了金融紊乱的局面，市面经济趋于繁荣。1922年，代理奉天省长兼财政厅长。1923年，兼任东北大学校长、奉天公立医院总裁。1924年，任东三省交通委员会委员长。

王永江以“保境安民，造福桑梓”为宗旨，对奉天省进行了全面整顿。改革机关，整顿吏治，制定官吏任用章程、甄试文官章程、功过赏罚章程等。振兴教育，培养人才，整顿中小学和专业学校的学制，创办东北大学。加强地方行政组织，设立区村公所和保甲制。发展公路交通，提倡植树造林。振兴实业，鼓励开矿、种棉、植桑养蚕，成立奉天纺纱厂、东北大学铁工厂。关注铁路，修建沈海、洮昂铁路。发展医药卫生事业，建立奉天公立医院。

王永江办事以干练著称，与杨宇霆、郭松龄一起被时人称作“东北三杰”。

张作霖看到奉天省财政金融情况好转，开始扩军备战，先后两次发动直奉战争。王永江眼看自己费尽心血积累的财富都被打内战消耗殆尽，内心难平。他向张作霖劝谏说：“我们现在需要的，不是关内的地盘，而是充实内政，巩固根本。军队以能够保境自卫为度，不可以派兵远去关内，争夺地盘。

王永江墓

把有用的钱消耗在打内战上，是毫无益处的。东北地大物博，而民生凋敝，发展实业、教育、交通、屯垦等项事业非常重要。如果我们裁减军务，缩小兵工厂，把裁减下来的军队去东蒙屯垦，把兵工厂改为修械厂，金融不受军费之牵动，有三四年时间，东北将有很大的发展。否则，一切期望将成泡影，其前途是很可忧虑的。郭松龄事件就是前车之鉴。”

但是张作霖一意孤行，不改初衷，从此他们之间发生了严重的分歧。

1926年，王永江决心离职返乡，向张作霖寄呈辞职书。张作霖先后委派督办吴兴权、官银号总办彭贤、名人段祺瑞和黄炎培、长子张学良等人前去金州恳请他回奉辅政。仅彭贤就前去了三次，但均以“政见完全不同”而被拒绝，甚至张作霖本人也亲临金州火车站，等候两小时与他面晤，亦被拒绝。

1927年，王永江病逝，终年55岁，葬于金州城东肖金山南麓。张作霖追赠“勋三位”并颁发5000银圆治丧。

王永江一生著述甚多，有《读易偶得》《易原窥余》《铁龛诗草》《医学辑要》《方书选粹》《赫山子》《痼疾蒙读》《阴符经注》等。

连人民爱国反帝斗争的史册上，他的名字永远铭刻在大连人民的心中。

傅立鱼曾任大连市役所议员、满铁嘱托、南满洲教育会编辑委员、满蒙文化协会会务委员、满洲社会事业研究会评议员、奉天教育研究会顾问。

傅立鱼离连后，任天津《益世报》主编，在北京创办《新中华报》，在天津经营《大公报》。抗战爆发后隐居天津。1945 年年初因脑出血逝世，享年 63 岁。

金州会会长曹世科

曹世科

曹世科（1883—1949），字冠甲，大连金州人，出生于商贾世家。从 1910 年起，他相继担任金州城街长、金州会副会长、金州会会长之职，做了许多公益事业，在金州人的心目中是一个颇有影响的人物。

曹世科当选为金州会副会长之后，为了普及文化、提高人民的文化素质，会同金州名流王永江、曹德麟创办了金州简易图书馆，该馆是当时东北县级最大的图书馆，藏书 3 万余册。

20 世纪 20 年代，山东饥荒严重，大批难民流入金州。曹世科倡议商家捐资设立粥厂和避寒所，解救难民的饥寒之苦，他每天必定亲自检查施舍情况。

1924 年秋，曹世科发起组织金州妇女天足宣传大会，向社会各界群众宣传缠足有害妇女身心健康、降低劳动能力，鼓励妇女放足，并从自家亲友做起，对率先放足的妇女给予奖励。经过月余的努力，终于在全社会范围内彻底铲除了缠足的恶习。

1930 年，曹世科倡导编修《金州志》，费时 5 年编成《金州志纂修稿》。5 年后他又组织“益友社”，搜集地方史料，出版《益友》5 期，后因刊物内容与殖民当局相抵触，被金州警察署强令查封。

1935 年，曹世科倡议重修孔庙，成立金州圣庙复兴委员会，亲临督导，策划募捐，使得金州境内的名胜古迹全部得以修复。

1945年年末，曹世科出任金县县长。1949年9月病逝，终年66岁。

梅兰芳与大连

梅兰芳

梅兰芳（1894—1961），名澜，又名鹤鸣，乳名裙姊，字畹华，别署缀玉轩主人，艺名兰芳。祖籍江苏泰州，生于北京。他是京剧形成期名旦梅巧玲之孙、名旦梅竹芬之子，因父早亡，由伯父著名琴师梅雨田抚养成人。

他8岁学戏，10岁登台演出。曾向吴菱仙、陈德霖、王瑶卿、路三宝、乔蕙兰学艺。他嗓音、扮相、身材俱佳，功底深厚，好学苦练，青衣、花旦、刀马旦都演得很好，创造出了花衫行当。他编演了许多新剧目，并在唱腔、化妆、伴奏、服饰等各方面对京剧旦角艺术做了全面发展，与程砚秋、尚小云、荀慧生并称“四大名旦”。其代表剧目有《五花洞》《贵妃醉酒》《嫦娥奔月》《霸王别姬》《黛玉葬花》《宇宙锋》《双奇会》《抗金兵》《生死恨》《穆桂英挂帅》《游园惊梦》等。

1928年，梅兰芳赴广州、香港演出，路经大连。同行者除夫人王明华外，还有小生姜妙香和花旦姚玉英。这是他首次来连，未做演出。

1952年1月25日，梅兰芳率团来到大连，在刚落成的人民文化俱乐部做首场演出。旅大市文教局实验京剧团一团团长哈鸿滨专程赴沈阳迎接，又陪同他来到大连，住进大连宾馆。

剧团除了梅兰芳、梅葆玖父子外，还有老生王琴生、小生姜妙香、花脸刘连荣、武生徐元珊、丑角李庆山等，旅大市文教局实验京剧团一团、二团演员协助演出。

梅兰芳亲自登台演出《霸王别姬》《贵妃醉酒》《金山寺·断桥》《洛神》等梅派经典剧目。此时他年事已高，但扮相依然雍容华贵，唱腔珠圆玉润，演技出神入化，观众为其倾倒，剧场里不断响起雷鸣般的掌声，在大连留下永远难忘的盛况。当时甲级票价是48000元，能买50斤大米，但是戏迷们还是拿出生活费购票，一睹梅先生的丰采。

1955年，文化部为他举办了舞台生活50年纪念活动，授予他奖状，摄制《梅兰芳的舞台艺术》戏曲影片。

新中国成立后，梅兰芳任中国京剧院院长、中国戏曲研究院院长、中国文学艺术界联合会副主席、中国戏剧家协会副主席。1959年加入中国共产党。1961年8月病逝于北京，终年67岁。著作有《梅兰芳文集》《舞台生活四十年》《梅兰芳演出剧本选集》。

海岛会首刘镜海

刘镜海（1852—1939），名承清、成墉，字镜海，1852年出生于金州厅光禄岛（今长海县广鹿岛）。家境殷实，有土地70余亩，帆船2只。清末时为金州十六岛总会首，总会相当于今天的县政府，会首相当于县长。他以总会首的身份统管金州十六岛，即今天的长海县长山列岛和普兰店的黑岛、平岛。他以超人的睿智和坚强的毅力，同腐败的清政府、沙俄和日本殖民政权周旋、抗争，为海岛人民做了许多好事，保护了他们的利益，被众人誉为海岛“神仙”。

刘镜海功绩碑

他作为海岛总会首，为岛民谋福利，“凡数义举，更仆难终，百废俱兴，任劳任怨”，乘船来往于各岛之间，事必躬亲，倡办始终，岛民尊他为“刘大爷”。

1898年，沙俄强租旅大地区，长山列岛亦包括在内，属于设在大连湾的岛屿行政区管辖，行政区在各岛设会，刘镜海担任广鹿岛会长。当时沙俄对大连地区进行残酷的殖民统治，苛捐杂税，强征暴敛，连极贫困的海岛也不放过。1898年，沙俄殖民者欲修大连湾至金州的铁路，要岛民捐款4万元，岛民怨声载道，无力捐钱。征捐人找到刘镜海，逼迫他交出路捐。他不顾威胁，驱船直抵大连湾，向沙俄驻军司令部慷慨陈词：“岛上居民糊口不暇，无力缴纳路捐，我此来乃受海岛民众之托，向司令部请求抚恤周济。”沙俄官员见此情况，终于免去了路捐。

日本殖民统治时期，他继任会长20余年。其间，他利用会长的身份与日本殖民当局巧妙周旋，又以自身的社会威望维护岛民的权益。1912年，广鹿岛民众在佛爷庙竖碑纪事，由于海岛闭塞，尚不知发生辛亥革命，纪年改成民国。当时有提议用日本大正年号纪年，而刘镜海则主张佛爷庙是大清的佛寺，重修费用是岛民出资，与日本无关，理应用大清宣统年号，众人一致同意他的主张。1929年，他终因不能与日伪权贵苟同谋奸，被殖民当局免职。1939年，刘镜海病逝于广鹿岛，终年87岁。

1930年，广鹿岛民众为表彰他心系岛民的功绩，竖立“德绩永彰”汉白玉碑，该碑立在广鹿岛盐场老爷庙院内。所幸，“文化大革命”中庙内其他碑碣均遭毁坏，只有这通功绩碑完好无损。

刘镜海碑文如下：

盖闻齐楚多栾公之社，南州建叔子之碑，斯皆功德在民，甘棠勿伐之遗风焉。刘镜海先生，讳成墉，辽宁金县广鹿岛人，幼习儒业。清末时为金州十六岛总会首，排难解纷，急力赴义，乡党有事，公一至辄片言而解。后又续任会长二十余年，为人民谋福利，为地方兴公益，凡数义举，更仆难终，百废俱兴，任劳任怨。今者公年已七旬晋八，家境屡空，而精神矍铄，体健如恒，竟于去岁辞退会长，杖藜诗酒，任意遨游，见者以为神仙不啻也。公有丈夫子三人，积德必昌，天将有以酬善士矣。敝人等味“莫为之后，虽圣弗传”之旨用，特建碑纪念，永垂不朽云尔。

大连第一名党员傅景阳

傅景阳（1900—1942），原名傅成春，又名傅英子、傅金祥，辽宁复州城人。1915年考入满铁沙河口工场技工养成所学习，学习期间，经常阅读进步的书报杂志，接受了“五四”新文化运动和苏联十月革命的影响，他逐步懂得了争取解放和拯救祖国的一些道理。

傅景阳

1923年12月2日，在他的组织和倡导下，大连中国工人第一个工会组织——满铁沙河口工场华人工学会正式成立，他当选为会长，并且创办了工人夜校。

1924年年初，共产党人李震瀛来大连，帮助修改工学会章程。同年6月，傅景阳等一批进步青年加入了中国社会主义青年团，傅景阳担任支部工运委员。这时中共中央候补委员、中华全国总工会筹委会主任邓中夏来大连，特别约见了他，指出工人要团结起来，自己解放自己。后来他把沙河口工场华人工学会改名为大连中华工学会，他当选工学会委员长。

1925年年初，傅景阳加入了中国共产党，成为大连地区第一名共产党员。他代表大连中华工学会秘密前往郑州，参加中华全国铁路总工会第二次代表大会。中国劳动组合书记部和全国铁路总工会领导人鼓励他把大连中华工学会的工作搞好，成立南满铁路工会，向日本帝国主义进行有组织的斗争。会上他被选为全国铁路总工会执行委员。同年4月，他又代表南满铁路工会前往广州参加全国第二次劳动大会，成立中华全国总工会。返连后，他积极贯彻会议精神，大力发展工会组织，带领工会干部到南满铁路的工厂、矿山，向工人进行宣传，并组建工会组织。

1926年年初，中共大连特别支部建立，傅景阳担任工运委员。2月间，他代表南满铁路工会出席在天津召开的全国铁路总工会第三次代表大会，再次当选为全国铁路总工会执行委员。

1926年4月27日，大连“福纺”纱厂工人举行大罢工。傅景阳根据大连地委的决定，以大连中华工学会委员长的身份领导了这次大罢工。罢工受挫后，他被日本殖民当局逮捕，受到种种酷刑，始终没有暴露自己的身份和组织情况。

1927年4月初，日本殖民当局迫于舆论压力，将他释放，但驱逐出大连。

1942年夏，傅景阳病故于奉天，终年42岁。

韩光第为国捐躯

韩光第，字斗瞻。祖居大连金州，清嘉庆年间移往吉林双城（今黑龙江省双城县）。其父韩英贵为清军佐领，曾任双城县议会议长。韩光第自幼勤学善悟，恪守儒学宗义。

1912 年，韩光第考入吉林省立警官高等专门学校，结业后东渡日本，入东亚高等预备学校攻读法律。他深感国无武力不足以安内攘外，遂投笔从戎，回国进北京中央陆军讲武堂，1920 年转至奉天东三省陆军讲武堂。

1922 年，韩光第毕业后正式步入军界，历任排长、连长、营长、团长、中将旅长，先后获三等大绶文虎章、二等大绶嘉禾章和一等国徽章。

韩光第平素注重官兵的品德修养，教育他们遵纪守法，爱护百姓。在他自撰的《官长训令》中写道：“军纪必须尊重，百姓务必爱护，做事问得起良心，抬头对得起青天，遇到什么狂风暴雨、惊涛骇浪也不必畏惧！”“国家养兵究为何事？现在战端将启，吾辈军人再贪生怕死，尚有何面目见父母兄弟妻子邻里亲友呢？”“我们东三省是国家的屏障，现在东边受日本的压迫，北边有俄国的阴谋，处境危险，各官想一想，我们军人是否与东北这块大地同生同死、共荣共辱呢？”他在自编的《士兵须知》中，要求士兵做到“如其苟且忍辱，为奴隶而生，不如从容就义，为英雄而死”“情况愈危险，愈紧急，愈宜镇定”“当机立断贵乎速，切戒迟缓观望”等等。

1928 年，张学良被推为东三省保安总司令。韩光第给他写信，建议他“宜不时召请各元老访问庶政得失及外面舆论、地方民情与求治方策作为参考”，还建议他“宜亲贤远不肖，戒除偏爱偏信偏听之念，从而兼爱兼信兼听”，又提出“急急选造外交人才及政治人才军事人才”。在信的最后，特别提醒张学良要报杀父之仇，“宜励精图治，卧薪尝胆，有坚定之决心，有充分之准备，此心此志灌输入文武僚属及三省有志之士之脑中”。

“中东路事件”爆发，韩光第奉命驻防海拉尔，直觉事态严重，再次写信给张学良，陈述利害：“东铁事变外交紧急，我东北边疆夹于野心之两大强邻，既难联俄以抗日，势必驱虎而进狼，外交上稍有不慎，军事上准备欠周，一旦和平破裂，诚恐所谓俄国、日本问题同时并起。”他表示：“前进有路，后退无门。战胜为一时之荣，战不胜宁为玉碎而不辱，为千秋后世之

1912 年元旦，南京临时政府成立，孙中山任命蓝天蔚为关外大都督，率领北伐军，分乘 3 艘军舰于 1 月 16 日到达烟台。顾人宜得悉，购买大炮 10 门、步枪 3000 支，准备迎接北伐军。蓝天蔚委任商震为关外军总司令，顾人宜为关外军第一镇镇统。

北伐军的舰艇于 1 月下旬开赴庄河海口，赵尔巽急电关东都督大岛义昌“严查禁阻”，又调遣自己的炮队进行攻击，但被北伐军击败。北伐军登陆后，在庄河、复州民军的配合下，兵分两路，一路向安东、凤凰城一带进军，一路由顾人宜率领向瓦房店进军。2 月 3 日夜，顾人宜在水门子与驻防的清军交火，清军败退。2 月 11 日，清军反扑，顾人宜于水门子一带再战清军。适值南京临时政府与袁世凯达成协议，清帝退位，电令蓝天蔚停战，于是顾人宜奉命休战。

此后，北伐军撤回关内，顾人宜将关外军开赴烟台待命。袁世凯委任顾人宜为关外革命第一军司令官、陆军部中将咨议。后来，袁世凯趁顾人宜回家守丧之机，解散了他的关外军，顾人宜成了一个有职无权无军的将军。

1918 年，顾人宜南下广州，任孙中山大元帅府参军兼政府咨议。1923 年，孙中山发表《和平统一宣言》，主张直、奉、皖和西南各省四方和平统一，顾人宜返回奉天，充任张作霖巡阅使署中将咨议、奉天第一军参议。1927 年因病告假就医。1931 年 3 月病逝，终年 64 岁。

辛亥烈士连承基

连承基（1878—1913），字绍先，大连普兰店四平镇人。他出身于农家，自幼聪明，就读于复州横山书院。1897 年，他考入吉林巡警学堂，耳闻目睹沙俄侵略东北的罪行和清王朝的腐败统治，激发了他忧国忧民、立志改革社会的思想。1901 年春，他留学日本，在东京警官学校学习，其间接触了民主革命思想。1903 年春，在奉天宪政学堂任教，后任吉林省警察署署长。1907 年，连承基在吉林结识了进行革命活动的徐镜心、宋教仁等革命党人，对他们非常敬佩，开始探寻反

连承基

清救国之路，积极参与同盟会的革命活动。后来他弃官在辽南一带从事反清革命活动。

连承基墓

1911年10月，武昌起义爆发，他得到消息，即赴大连，同那里的同盟会辽东支部取得联系，筹款购买武器，招募民军，准备起事。

1912年1月，连承基、徐镜心、刘艺舟、宋涤尘等人带领500民军，扮作商人，从大连乘船去山东。船行海中，民军威胁船长改道蓬莱。第二天早晨，船抵蓬莱，他们登陆后会合当地民军，占据了老柏山炮台、水师营、府衙、自治会和电报局，成立登州军政府，连承基被推举为军政府都督兼总司令。民军同时占领黄县、龙口，清军闻风而逃。孙中山重视以烟台为中心的武装起义，任蓝天蔚为关外大都督，任胡瑛为山东都督，驻守烟台。胡瑛组建山东军政府，任连承基为山东革命军总司令，授中将军衔。

2月7日，清军以3000兵力反攻黄县，民军因兵力不足放弃黄县。2月14日，刘基炎率民军前来增援，夺回黄县。正待西进时，南京政府电令停止一切军事行动，因为清帝已宣布退位，实行共和，连承基退兵回烟台待命。

袁世凯排斥异己，歧视民军和鲁军，下令解散山东军政府，遣散民军，改编鲁军，任连承基为旅长。1913年春，袁世凯召连承基进京议事，当连承基到达天津时，袁世凯下令遣散鲁军。此时连承基发现被骗，决定驻足天津，以待时局的变化。不久宋教仁被杀，“二次革命”爆发，连承基参与反袁斗争，秘密联络国民党人邹耀廷、郑天楚、任重等招募遣散的民军、鲁军，购买军火，重组武装，兴师讨袁。事泄，1913年8月，连承基在天津被捕，押至北京，受尽折磨，坚贞不屈。9月18日晨，连承基、邹耀廷等7人被害。

连承基牺牲后，部下将其遗体护送原籍安葬。孙中山得知后，极为悲痛，发来唁电和抚恤金，悼念烈士，抚慰亲属。

石磊血染复州城

1914年农历八月二十七日，以石磊为首的24位革命志士因阻截宗社党的军火船只被日警俘获。他们在刑场上大义凛然，视死如归，在辽南大地上谱写出一曲“国破家亡身何在？誓将热血染神州”的慷慨之歌。

石磊，原名恒岱，字巨符。辽宁辽阳东新堡人。光绪十五年（1889）出生于一个制皮业主家庭。他在奉天陆军小学堂毕业后，因成绩优异，被东三省总督府保送到日本士官学校深造。在日本，他与蓝天蔚、张榕、连承基等6人相识，一起参加了孙中山的同盟会，时称“东北七星”。

1909年，他们学成回国，石磊担任新建陆军第二混成协司令部参谋。1911年10月武昌起义，奉天新军推举蓝天蔚为关外讨虏军大都督，石磊任本溪湖地区总司令。

在蓝天蔚的指挥下，石磊率部在本溪、凤城、辽阳一带袭击清军，又联合南路总司令顾人宜进攻城子坦李家卧龙清军驻防地，打响了辛亥革命在奉天地区的第一枪，揭开了辛亥革命在东北的序幕。在各次战役中，他亲率革命军冲锋陷阵，锐不可当，各地清军闻风丧胆。

1913年年初，孙中山指示在大连成立革命行动委员会东北支会，石磊被召到大连，任支会理事，负责机关工作。

1914年4月，在日本大隈重信内阁和军部的支持下，肃亲王善耆等从事“满蒙独立”和复辟活动，在大连成立宗社党，进行武装演练和骚扰。

1914年农历八月，有人向石磊报告：日本为宗社党用船从老虎滩向营口运送武器。石磊立刻召集革命党人，决定劫夺武器。深夜，石磊率领革命党人开枪夺船，缴获了37箱枪支弹药。在战斗中王青山腿部受伤，石磊扶他返回大连治伤。船上的事情委托给刘耀臣，要他负责把武器送到葫芦岛。

刘耀臣等驾船来到金州湾时，日本水上警察追踪而至，革命党人被俘，押到金州警察署。第二天，石磊和王青山在大连被捕。石磊在狱中对大家说：“人生终有一死，我们为革命而死，死得光荣，死得值得。我们的死必将激起民众对敌人的仇恨，民众很快就会觉醒起来，打倒宗社党，打倒袁世凯……”

复县知事苏鼎铭得知革命党人被捕，为了升官发财的罪恶目的，将他们引渡到复县衙门。在县衙大厅上，石磊面不改色，谈笑自若，义正词严地讲述反袁护国、拯救中华的意义。苏知事见他年轻英俊、口齿伶俐、气宇轩昂，心中顿生招降之意。于是，把他软禁在客厅里，并指派专人昼夜相劝。苏知事的儿子是石磊的同学，苏知事劝他写“自白书”，这样不仅能保住性命，日后还会飞黄腾达。石磊听后，写了两首诗作为回答：

自由花开日，英雄报国期。
一着不得当，输却满盘棋。

外贼内奸险，愤膺志更坚。
政见不统一，归顺实是难。

苏知事看到劝说不成，便面见石磊，对他说：“你如能识大局，归顺于我，我可以保你不死，日后必有重用，怎么样？”石磊正气凛然地回答：“革命兄弟，同来同往，视死如归，勿劳多言！”苏知事摇摇头，便悻悻地走开了。

农历八月二十六日夜，石磊在狱中给父母写了一封长信：

父母大人膝下金安：

跪禀者儿今年二十五岁，老大人一教一养，至此今年而教养深心，儿未敢涓埃，午夜坦心，未曾不流涕枕畔。虽然儿为国奔走，不能计家庭之私。儿父曾有言曰：“尽忠不能尽孝。”儿今果尽忠于国矣。请老大人不必以此不尽孝之儿为念。然而儿依依膝下二十五年，今当与老大人诀别，不得不将儿被逮之情形及儿死后之事，为老大人一一禀之。

儿于农历八月十七日在大连被捕，十八日解至金州，二十二日又解至复县。党事重大，必死无疑，枪毙之期，即在一二日之内。此地有儿故友刘日暄者，颇蒙招待，并候死后，刘君将儿尸体成殓。大人一见儿之死信，不必来复，接此无用之臭皮囊，然恐祖父母大人终不肯抛之也。老大人欲来时，可至复县警备队寻头棚什长刘德耀之，即儿之故友，刘君为儿成全一世之恩人，请老大人勿视为外人也。儿自有生以后未曾惜死，儿今死时无恨存也。何则？儿本中国赫赫之党人，今死复州，加以贼名。想儿读圣贤书，所当何事，岂肯做背辱祖宗而伤家门之事。虽然，是非曲直，自有定理，以儿门第论，以儿举动论，是贼人、是党人不待辩矣。今儿为国而死，大为家门之幸，老大人非但不必悲伤，且应扬眉吐气于乡中，乐得

市人民的同情和支持，鼓舞了工人的斗志。经过斗争的考验，金伯阳加入了共青团。

1926 年，金伯阳来到哈尔滨，担任北满地委交通委员，在三十六棚工区中进行宣传工作。第二年金伯阳被捕，一年后遇赦获释。经过严峻考验，金伯阳转为中共党员，在满洲省委机关做机要文书和交通联络工作。

1931 年 2 月，金伯阳当选满洲省委候补委员，担任工运工作。他经常深入沈阳北市场工人区进行宣传，揭露日本帝国主义的侵华阴谋。“九一八”事变后，他在奉天站附近张贴反日标语，宣传抗日，年底转到哈尔滨，与赵尚志组织哈尔滨反日总工会，成立了哈尔滨赤色工会，发动中东路、三十六棚、电力局和英美烟草公司的工人进行罢工斗争。

1932 年秋，中共满洲省委为了加强对南满游击队的领导，特派省委军委书记杨靖宇和金伯阳一道去南满吉奉铁路沿线指导抗日游击战争。年底，他们来到磐石游击区，传达省委指示，整顿游击队，将其改编为中国工农红军第三十二军南满游击队。

1933 年秋，这支队伍扩编为东北人民革命军第一军独立师，杨靖宇任师长兼政委。敌人调集大批军队进行讨伐，金伯阳以省委巡视员的身份积极协助杨靖宇的工作，率领部队进行反围剿。11 月 15 日，部队在辉南县旱龙湾地区遭到敌人的突然袭击，金伯阳为掩护部队转移，不幸中弹牺牲，年仅 26 岁。

金伯阳为民族解放献出了年轻的生命。他是中国共产党的优秀党员，东北工人运动的杰出领导者。1935 年，中共中央在《八一宣言》中称他是抗日救国的民族英雄。1981 年 12 月，旅顺口区委和人民政府为表彰他的历史功绩以教育后代，在他的家乡树碑纪念。1997 年，又在旅顺口解放桥广场树立了他的铜像。

夏文运地下抗日

夏文运（1905—1970），字承尧，曾化名何益之。大连金州七顶山人。

1925 年，他在旅顺师范学堂毕业，因成绩优异被满铁资助到日本留学，1931 年毕业于京都帝国大学文学部。

1935 年 6 月，他担任日本关东军参谋部情报课课长和知鹰二中佐的译员。

1935 年 6 月驻广州，做关东军同李宗仁军队的联络人。因为“夏”“何”二字的日语发音相同，所以他对外自称“何益之”。

夏文运

李宗仁同他经常接触，发觉他为人正派，年轻热情，才华横溢，很可惜他出任伪职。有一次，李宗仁问他：“我看你是一位有德有才的青年，现在我们的祖国如此残破，你的故乡也被敌人占据，祖国命运已到生死存亡的边缘，你能甘心为敌人服务而无动于衷吗？”夏文运听后，顿时热泪盈眶，说道：“‘九一八’事变后，我丢掉了教授的职务，生活无着，报国无门，于是我接受了关东军的招募，做了译员。现在地位虽然显赫，却时常遭到日本人的奚落。”他郑重地对李宗仁表示，如有机会报效祖国，当万死不辞。

李宗仁见他情真意切，话语诚挚，便与他私下约定，让他做情报人员，刺探日军机密，通过秘密电台和专用密码与李宗仁直接联系。夏文运当即一口答应下来，并拒绝了任何报酬。从此，夏文运便利用职务之便，为李宗仁提供了大量绝密情报。

1937 年，日军对中国发动大举进攻。李宗仁在回忆录中写道：“关于敌军进攻徐州，突入皖西、豫南，以及围攻武汉的战略及兵力分布，我方无不了如指掌……此种情报实全由何益之自和知将军处获得而供给的。”尤其在台儿庄战役中，夏文运及时发去的电报为战役胜利创造了条件。

1941 年年末，日方发现夏文运的活动后，到处追捕他，他从上海逃到香港，躲过了这一难。

1946 年 2 月，夏文运在北平被军统头子戴笠逮捕。李宗仁亲自打电话证明他不是汉奸，而是地下抗战的功臣，才令他免于一死。

1949 年，夏文运在上海被捕，经查实无罪释放，1950 年年初，去日本定居，担任日本东京铁道株式会社嘱托。1955 年年末，郭沫若率领中国科学院考察团访日时，特意去看望他。

1970 年，夏文运因脑出血在东京逝世，终年 65 岁。

夏文运在中华民族生死存亡之际，不为名利，不怕牺牲，为李宗仁提供了许多绝密情报。由于情况特殊，生前他三缄其口，因此受到许多误解，其亲友也受到了连累。李宗仁满怀深情地写道：“何君冒生命危险，为我方收集情报，全系出乎爱国的热忱。渠始终其事，未受政府任何名义，也未受政府分毫接济。如何君这样的爱国志士，甘做无名英雄，其对抗战之功，实不可没。”

开创特殊解放区的韩光

韩光（1912—2008），黑龙江齐齐哈尔人。1930 年加入共青团，次年转入中国共产党。20 世纪 30 年代曾任共青团北满特委书记，共青团满洲省委秘书长，负责东北抗联第一、第三军政治工作。20 世纪 40 年代任中共中央统战部秘书长、晋察冀中央局东北工委副书记。

1945 年 10 月，韩光带领一批干部前来大连开展工作，组建党和政府的组织。在苏军司令部的协助下，11 月 8 日大连市政府成立，年底初步组建了市委和各区、县委党的组织。

为了巩固新生的政权，大连市政府发布命令没收敌伪财产；惩办罪大恶极的汉奸特务；取缔了 200 多处妓院、60 余家烟馆和赌场；杜绝鸦片的贩运；遣送 20 万日本侨民回国；1.6 万户居民调整住宅；进行反奸清算和减租减息等运动。

韩光 1946 年在大连

为了掌握枪杆子，大连市成立了公安总局、公安分局和警卫队，韩光任总局政委。同时成立群众组织中苏友好协会、妇女建国会、青年联合会和职工总会；出版党报《人民呼声报》（后改为《大连日报》）和市政府机关报《新生时报》；接收广播电台，控制舆论工具。1947 年 7 月，中共旅大市委改称旅大地委，韩光任书记，全市建立 89 个党支部，发展党员 1600 余人。

1947 年，为了粉碎国民党对大连地区的经济封锁，解决人民的吃穿问题，韩光提出了“发展生产、安定民生、节衣缩食、投向生产”的工作方针。大力恢复和发展工业、农业、盐业和水产业的生产，保障大连地区的粮食供应，稳定了人民生活，并且为解放战争生产了大量的武器。

1949 年 2 月，中共旅大地委改称中共旅大区党委，韩光任第一副书记、旅大行政公署主席。中华人民共和国成立后，韩光先后任旅大市长、中共旅大市委第一副书记。

1955 年，韩光调任中共黑龙江省委第二书记、省长，其后历任国家科委常务副主任、国家建委主任、党组书记。先后当选中共第八届中央候补委员、第十一届中央委员、第十二届中央纪委书记、中央纪委常务书记。

庐隐与《月下的回忆》

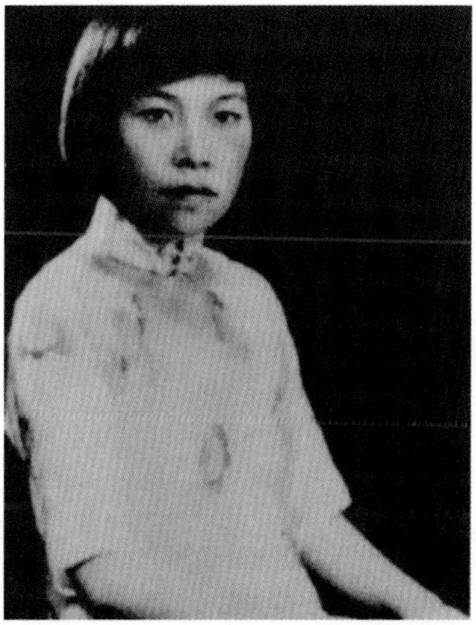

庐　隐

庐隐（1899—1934），原名黄淑仪，又名黄英，福建闽侯人。早年毕业于北京女子高等师范学校国文系。她是“五四”时期文坛上很有才情的女作家，与冰心齐名，是文学研究会的最早成员。从 20 世纪 20 年代开始，先后出版短篇小说集《海滨故人》《灵海潮汐》《曼丽》，中篇小说《归雁》《象牙戒指》《女人的心》等。她在作品中艰苦地探索人生，不写母爱和自然风光，而着重描写人的感情与理智冲突下的苦闷。作品真实地反映了“五四”时代青年的思想。茅盾说，庐隐的作品《海滨故人》及其姐妹篇等反映了当时苦闷彷徨的青年心理，在这一点上应当给予较高的评价。很可惜，她像天空中的流星，眨眼即逝，在 35 岁的美好时光便离开了人间。

1922 年夏天，她在北京女子高等师范学校毕业前夕，去朝鲜、日本旅行，路经大连，而后写了一篇著名的散文《月下的回忆》，收在她的第一本小说集《海滨故人》（1925 年初版）中。在这篇散文中，她沉痛地告诉我们，日本帝国主义怎样用他们的“帝国教育”来毒害大连儿童，以及对成年人进行奴役。

文中说，她来到一所中国人的小学校，“在一个广场上，有无数的儿童，拿着几个球在那里横穿竖冲的乱跑，不久铃声响了，一个一个和一群蜜蜂般地涌进学校门去了……顽皮没有礼貌的行动，憔悴带黄色的面庞，受压迫含抑闷的眼光，一色色都从我面前过去了”。她来到教室，里面坐着五十多个学生，一个三十多岁的男教员正在讲历史，黑板上端端正正写着四个字：“支那之部。”她心里忽然一动，大连是谁的地方啊？用的可是日本的教科书，教书的又是日本教员。学生们看见她，发出窃窃私语：“这是支那北京来的，你没看见先生在揭示板写的告白吗？”她听了这口气很感奇怪：“分明是日本人的口气，原来大连人已受了软化了吗？”

一天晚上，她在所住的房子里看见一个瘦长脸的男子，在那里指手画脚地演说：“诸君！诸君！你们知道用吗啡培成的果子，给人吃了，比那百万雄兵的毒还要大吗？教育是好名词，然而这种含毒质的教育，正和吗啡果相同……你们知道吗？大连的孩子谁也不晓得有中华民国呵！他们已经中了吗啡果的毒了！中了毒无论怎样，终久是要发作的，你看那一条街上是西岗子，一连有一千余家的暗娼，是谁开的，原来是保护治安的警察老爷，和暗探老爷们勾通地棍办的，警察老爷和暗探老爷，都是吃了吗啡果子的大连公学校的卒业生呵！”这个男子说到这里，两个拳头不住地在桌子上乱击，口头不住地诅咒，眼泪不竭地涌出，一颗赤心几乎从嘴里跳了出来。然后他又讲起西岗子暗娼的情况，每一家的门口，都有一个邪形鸩面的男子蹲在那里，看见有人过来，便打起呼啸，于是门都开了，妖里妖气的妇人，向外探头……

女作家看到这些污浊的情景，不禁从内心发出无限的慨叹：“唉！这不是吗啡果的种子，开的沉沦的花吗？”她看见“远远地海水，放出寒栗的光芒来；我寄我的深愁于流水，我将我的苦闷付清光……受尽了苦痛的磨折！……连累得我的灵魂受苦恼。”

以文学作品反映日本殖民统治下的大连的作家，还不多见，谢谢作家庐隐女士写了这篇《月下的回忆》，给我们留下了难忘的一页。

康有为题诗响水观

康有为（1858—1927），近代改良派领袖。晚年客居青岛，1925 年秋在烟台与大连华商公议会会长李子明相识。李子明慕名特邀他前来大连作客。9 月 18 日晨，康有为在三名随从人员陪同下，由山东来连。华商公议会的董事们到码头迎接。康有为抵连后下榻在大和旅馆。

次日，华商公议会在泰华楼饭店设宴为康有为洗尘。全体董事及华侨多人参加作陪。席间宾主联欢，觥筹交错，气氛十分热烈。席散，全体董事与他合影留念。

华商公议会为康有为安排了专场记者招待会。大连新闻社记者问："中国军阀，割据称雄，连年混战，匪患日滋，危害地方，人民涂炭，先生乃当今中国圣人，必有长治久安之计，东山在望未悉其意若何？"

康有为回答说："中国各地的军阀，并非在作战，只是如小儿嬉戏，正在练武，但是不久练成，就将对付外国侵略者了。中国现在正如航行中流，适值狂风骇浪，不久自然会平安无事。但此种风浪渐必至于海洋，外国船只当然亦将不可避免地遇到，前途安危，正未可预测。"

华商公议会又为康有为举办演讲会，地址在大阪每日新闻社的大每馆（今胜利桥北），讲题是《电通》，时间在下午 6 时，室内挤满听众，日本人多于中国人，都想一瞻他的容颜。康有为在演讲中说："人要立志贤贞，持身忠信。凡事精诚所至，金石为开，犹如电波传达消息，不论远近全能到达，心诚则灵，随感而通……"

华商公议会在大每馆又为康有为举办书法展，展出书法联幅数百件，展室琳琅满目，书体真、行、篆、隶兼备，博雅古朴，风格超逸，自成一家。所用印章刻有方形篆书阳文，书有"维新百日，出亡十六年，三周大地，游遍四洲，经三十一国，行六十万里"共 27 字。作品原拟展出一个星期，但第二天已被抢购一空。

9 月 20 日，康有为应金州会长曹世科等邀请，来金州文庙参加祭孔活动，祭后在诸人的陪同下专程去大黑山响水观游览。响水观西距金州城 10 里，位于大黑山西麓，是大黑山四大古建筑中最负盛名的。寺观建在悬崖丛林之中，瑶琴洞有水流出，淙淙作响，故名"响水观"。古树参天，风景清幽，"响

安重根

同盟。他首先将左手无名指切断，用鲜血在太极旗上书写“大韩独立安重根”。接着众人依此而行，全体宣誓：“必须竭尽全力，恢复大韩的独立。如果违背誓言，雷电就落在我的头上，焚烧我的身体，并且连累我的家属族人。”誓毕三呼：“大韩独立万岁！”安重根被推为盟主，并以大东公报社记者的身份进行反日爱国活动。

1909 年 4 月，日本首相桂太郎、外交大臣小村寿太郎和伊藤博文举行密会，阴谋最后吞并朝鲜。7 月，日本内阁通过吞并朝鲜的决定。伊藤博文为谋求沙俄的支持，共商日俄瓜分中国东北的权益，决定前往哈尔滨与沙俄财政大臣柯科夫佐夫会谈。

10 月 19 日，安重根得到这个消息后，为了探听虚实，连夜赶往海参崴，见到大东公报社的编辑主任李刚，询问伊藤博文访问哈尔滨之事。李刚详细地介绍了情况，并意味深长地说：“捞一网小杂鱼，不如拦一条大鲸鱼。”然后李刚带领他去拜访报社社长俞镇律。安重根声泪俱下地说：“日本是我国的仇敌，伊藤博文是侵犯我国的元凶，他此行一定与进一步侵略我国有关，若不剪除此贼，则我国亡有日，安某愿以死报国，剪除老贼。”俞镇律、李刚都坚决支持他的爱国行动。第二天，俞镇律召集在海参崴的反日志士集会，会上讨论了行动计划，最后决定此次行动由安重根负责，另派二人协助。10 月 21 日，俞镇律亲自陪安重根等人乘车离开海参崴，安重根握住俞镇律的手说：“不剪除老贼，决不生还。”然后前往哈尔滨。

10 月 26 日清晨，安重根换上西装，手枪放在大衣兜里，来到车站。在站前一家小茶馆里，一边喝茶，一边观察车站的动静。上午 9 时，伊藤博文乘坐的专列驶进车站。顿时军乐队的鼓号声响成一片。沙俄财政大臣登上车厢，陪同伊藤博文走下车厢，接受沙俄仪仗队的检阅。安重根在仪仗队的后边，已经猜出那个黄面白发的小老头就是伊藤博文。他愤懑地默念着：“强夺邻邦，残害国人，如此嚣张，毫无忌惮！”安重根从仪仗队的后边来到前边，迅速地掏出手枪，对准伊藤博文连开 3 枪，伊藤博文身子一晃，扑倒在地，挣扎着，呻吟着。在这一瞬间，安重根心想，万一被击中的不是伊藤博文怎么办？于是他对准其他的日本人又连开数枪。此刻月台上大乱，沙俄大臣、外交官员和日本侨民都吓得四处逃散。安重根英姿勃勃，泰然自若，高声喊道：“大家不要惊慌，杀死伊藤博文的就是我。”说完他双手展开太极旗，上面用鲜血写着“大韩独立”。他仰天三呼：“大韩独立万岁！”一群沙俄士兵扑上去，将他扭住。安重根对沙俄士兵说：“用不着捆绑，我不想逃走，我若想逃，就不来此地了。”被监禁时，当他得知伊藤博文已死，高兴地大笑道：“老贼终得此报，吾愿已偿，纵死无憾！”

12 月 3 日，日本宪兵将安重根押送到旅顺监狱。他在法庭上说：“击毙伊藤博文是为了朝鲜独立和东洋的和平，我不认为我的行为是不合法的，因此我没想到逃跑。我是为了具有 4000 年历史的祖国和 2000 万同胞，一举处决了蹂躏朝鲜主权、扰乱东洋和平的奸贼。我的目的是正大光明的，我作为一个国家的公民，尽了自己应尽的义务。”关东都督府地方法院判处他死刑，另外 3 人被判处有期徒刑。

安重根在狱中写了 1.7 万字的《狱中自传》，记叙他的生平和战斗历程，揭露日本帝国主义侵略朝鲜的种种罪行。临刑前赶写了《东洋和平论》，呼吁亚洲各民族团结起来，争取独立，保卫和平。另外还书写“为国献身军人本分”等 200 多幅气势磅礴的条幅。

1910 年 3 月 26 日上午 10 时，安重根身穿一套朝鲜民族新装，从容不迫，昂首阔步来到刑场。他说：“人生只能死一次，我绝不怕死，死如长眠，这没有什么。我相信，我们朝鲜必定独立，东亚必定和平。我为大韩独立而死，为东洋和平而死，死而无憾！”临刑前作绝命诗一首：“天地翻覆，义士慨叹。大厦将倾，一木难支。”慷慨陈词，英勇就义，年仅 31 岁。

中国人非常敬重安重根，编写了京剧《安重根》在关内外上演，又将他的生平事迹写成了长篇章回小说《英雄泪》。

中国奥运第一人

1983 年 3 月 21 日，我国短跑名将刘长春病逝，享年 74 岁。大连理工大学为了纪念这位卓越的体育工作者，在大学主楼前东花坛中树立一尊半身铜像。基座上有国家体委原副主任荣高棠题写的“体育先驱刘长春教授”9个大字。基座后刻文如下：

我国现代体育先驱刘长春教授，1909年11月25日生于大连市小平岛河口村贫苦农家，藉其天赋与勤奋，并得到张学良将军关爱栽培，成为优秀短跑国手。曾参加第九、十届远东运动会。1932年毕业于东北大学。是年为粉碎伪满强派出席第十届奥运会阴谋发表严正声明：我是中国人，我只代表中国。遂以我国唯一运动员代表，首次敲开奥运会大门。1933年在南京全国运动会，创10秒7的我国100米纪录，该纪录保持25年之久。解放后，刘长春教授任教大连工学院30余载，忠诚党的教育事业，坚持求实精神，著有《短跑运动》等论著。曾任第五届全国政协委员、中华体总常委、中国奥委会副主席、辽宁省体育运动协会副理事长、第四届辽宁省政协常委。

1983年3月21日病逝，享年74岁。

大连理工大学历届运动员敬立

1989年3月

1932年，为了击败日伪阴谋，在张学良将军的资助下，刘长春作为当时中国唯一的一名运动员，首次参加了在美国洛杉矶举行的第十届奥运会。7月8日，上海黄浦江畔数千人为他送行。在授旗仪式上，他说：“我此次出席世界运动会，系受全国同胞之嘱托，深知责任重大，当尽我所能，在大会中努力奋斗！”人群掌声雷动，三呼中华万岁。

刘长春

7月29日，船抵洛杉矶港，当地华侨及美国公众拥挤在大街两旁夹道欢迎，锣鼓、鞭炮、汽车喇叭鸣响不断。华侨为他举行隆重的欢迎宴会，广州侨胞举行“刘、关、张”结盟会，

刘长春故居

认刘长春为“大哥”，席间侨胞还赠给他金盾大奖章一枚，以示尊崇和祝贺。

7月30日下午，第十届奥运会举行了十分隆重的开幕式。中国代表队特别引人注目，因为这是中国代表队第一次正式出现在世界运动会上。美国奥委会也为中国做了特别安排。开幕式前，刘长春和宋君复等人从奥运村前往主会场时，美方竟派出警察乘摩托车随行护卫，又破例允许五辆满载华侨应援团的大轿车一同到场，为中国代表队助威。中国代表列队进入会场，刘长春执旗先导，宋君复等继后，会场上掌声不断，气氛热烈。中国代表队虽然人少，但毕竟以中华一国之代表到会，中华体育健儿终于立身于世界体育之林。

刘长春在参加各项活动中亲身体会到各国人民对中国之同情，他深有感触地说：“为人当自立，一个人，一个国家，一个民族，如果不能自立，同情再多也只能是同情而已！”

如今，刘长春的半身铜像掩映在苍松翠柏之间，精神矍铄，目视前方，不知是遥想当年洛杉矶的拼搏，还是憧憬体育界的未来……

少帅与大连

张学良（1901—2001），字汉卿，号毅庵，辽宁海城人。奉系军阀张作霖长子。1919年入东三省陆军讲武堂。1927年升任陆军上将。1928年6月张作霖死后，就任东三省保安总司令，开始主政东北。为抵制日本侵略，宣布“东北易帜”，服从南京国民政府，任东北边防军司令长官。1930年，任中华民国陆海空军副司令，后任北平绥靖公署主任。1935年10月任西北“剿共”副总司令，多次与红军作战失利后，接受共产党“停止内战，一致抗日”的主张。

1936年12月12日，张学良联合西安绥靖公署主任、第十七路军总指挥杨虎城扣留蒋介石，逼蒋介石与中共合作抗日，史称西安事变。后张学良送蒋介石回南京，从此被幽禁50余年。

1990年解禁，1995年移居美国夏威夷。

2001年10月14日，张学良病逝，享年100岁，是世界上最长寿的将军之一。

据史料记载，张学良曾三次来过大连，这也算是他与大连的缘分。

第一次来大连

1922年，张作霖被推举为东三省保安总司令，为了同北京政府抗衡，他宣布东三省实行“联省自治”，与北京政府断绝一切关系。张作霖积极扩军备战，成立了陆军整理处，张学良任参谋长。为了扩大军事力量，张作霖又从国外购进大批飞机，张学良任东北航空处总办，成立航空大队。为了培养飞行员，张学良兼任航空学校校长。

日本关东军为了笼络年轻的张学良，多次邀请他来旅顺观光游览。张学良为了应付日本人之请，于1923年12月间，从奉天来到旅顺，访问关东军司令部。日本人陪同他参观日俄战争遗迹，并向他吹嘘日本军队的威力，张学良只是点点头应付着。

第二次来大连

1925年11月，奉军第三军团副军团长郭松龄不满张作霖穷兵黩武，暗中与冯玉祥达成消除战祸、实行民主等密约，通电与奉系决裂。郭松龄将所率部队改称东北国民军，由于冯玉祥的援助，东北国民军势如破竹，很快就占领了营口，直指奉天。张作霖遭此巨变，情势危急，慌忙向日本关东军求救。日军派飞机对郭松龄军阵地进行狂轰滥炸，并化装成奉军协同作战，袭击郭松龄军后方，郭松龄兵败被杀。

事后，张作霖为了答谢关东军，特别委派张学良前来旅顺拜访关东军。张学良与郭松龄友谊深厚，这本来不是他愿意做的，但是为了父亲的情面，不得不委屈自己第二次来到旅顺。

第三次来大连

1926年3月，奉天省长王永江为反对张作霖穷兵黩武、称霸中原而不顾人民死活，向张作霖提出辞去本兼各职。但是张作霖执意要王永江出山，而王永江坚决不肯复职，经过多人劝说也不奏效。张作霖无奈委派张学良，以探病的名义，由奉天乘火车亲来金州面见王永江，婉言劝其出山，协助其父大业。王永江与张学良进行了长时间的谈话，大谈自己从政的目的就是发展东三省的经济，改善老百姓的生活，但是自己的理想却不能实现，自己的努力全都付之东流，还有什么干头，他坚决拒绝了张学良的请求。通过这次谈话，张学良对东北政局有了新的认识。

张学良将军非常重视教育事业，1928年，他用父亲留下的500万银圆成立了“汉卿教育基金会”，先后在辽宁全省建立了36所新民小学。仅在庄河就有3所，其中步云山乡的新民小学现在尚存，完好无损，可见当初建校时对工程质量的要求是极为严格的。其他2所为了适应教育事业的发展，已经拆除另建了。

关向应为党为国忠心耿耿

关向应生于1904年9月10日，辽宁金县人。满族，瓜尔佳氏。乳名喜麟子，学名关致祥，字和亭。

他10岁即读私塾、蒙学堂（初小），在普兰店公学堂读高小，品学兼优。1920年3月考入大连伏见台公学堂附设商业科学习。在校期间参加反对日本

肺病复发，被迫去延安住院治疗。

1945 年中共七大在延安召开，关向应再次当选中央委员。大会期间，关向应因病没有出席，写信给代表大会和全党同志，希望“全党同志无论在任何时候，都在毛泽东同志领导下奋斗前进，全党全军应该像一个人一样，紧密地团结在毛泽东同志所领导的中央周围。相信我们的党和中国革命，是一定要得到最后胜利的”。

1946 年 7 月 21 日，关向应同志病逝于延安，享年 42 岁。中共中央向全党、全军、全体人民发出讣告，称关向应是“中国共产党最好的领导者之一”。毛泽东主席亲题挽词：“忠心耿耿，为党为国，向应同志不死。”

猛将万毅

万　毅

万毅原名万允和，1907 年生于金州四十里堡的农家。14 岁开始外出谋生，在大连日本人钱庄和奉天财政厅当过小雇员。1925 年 4 月，考入东北军陆军军士教导队第四期，毕业后在司令部副官处任职。1929 年后又考进东北陆军讲武堂第九期学习，他学习刻苦，成绩优异，毕业典礼上，张学良亲自奖给他一块银表和一把指挥刀。1930 年 7 月，万毅被调到东北军第二十旅二十团任少校团副。

“九一八”事变后，万毅随军撤退到关内。1935 年 8 月，他被调到东北军总部。在这里，他结识了中共地下党员刘澜波，经过几次接触，刘澜波的学识和对时局的深刻见解，令他十分钦佩，并使他在政治上发生了转变。

1936 年 1 月，万毅被委任为一〇九师六二七团的中校团长，成为东北军中最年轻的团长。张学良要求他在 4 个月内将新团组建好，于是他来到山东、河北一带招收新兵，恰好遇见刘澜波来西安办事，万毅便将招兵的事告诉他，要他帮助招些学生来，以提高部队的文化素养。刘澜波答应了他的要求，一个月后，刘澜波从北平、天津带来了 130 多名青年学生。这些人大多是共产党员，他们在团内成立了秘密党小组，直接受东北军内中共地下党工作委员会书记刘澜波的领导。这年 9 月底，军事训练结束时，万毅写下了团歌，在团内组成歌咏队，到各连教唱团歌和抗日救亡歌曲，写标语，出墙报，把抗日活动搞得轰轰烈烈，引起国民党政训员的不满。此事经西北“剿总”政训处长上报给了蒋介石，蒋介石对张学良说：“你那个团长万毅十分反动，你要注意！”

西安事变爆发，根据张学良的命令，东北军第五十七军开赴渭南前线，阻击从潼关向西安进攻的国民党军队。万毅率领团队路过西安时，张学良对万毅说：“咱们这次举事，完全是为了抗日，不是为了抢地盘、争权力，把这个道理向下面讲清楚，同时要把渭南的事情做好。”万毅接受了命令把队伍开到渭南前线。他在渭南积极备战，修筑工事，不仅向自己的部下，还向阵地对面的国民党军队宣传张、杨两将军发动西安事变是为了抗日救亡的道理。万毅和团内地下党员在火线上高唱抗日救亡歌曲，振奋军心，并派出宣传员带上蔬菜、豆腐等食品去慰问对面的国民党军队，又把抗日救国的报纸和宣传品送给他们看。经过不断的接触，双方言和，互送食物，甚至在火线上搞起了联欢。

1937 年 1 月张学良被扣留后，东北军群龙无首，内部少壮派和高级将领之间的矛盾加剧。1937 年 2 月，万毅被扣押，军法会举行两次审讯，均无法定罪，最终不了了之。3 月，东北军东调豫皖苏，万毅被带到河南商水县。10 月，万毅被释放并任命为一一二师三三六旅六七二团上校团长。接着万毅奉命随师参加江阴、镇江、南京、芜湖战役。

1938 年 1 月，万毅任一一二师三三四旅六六七团团长，驻军连云港，防御日军从海上入侵。这年 3 月，经张文海和谷牧介绍，万毅成了中共特别党员。万毅入党后，更加积极地投身于抗日战争，率团打了几个漂亮仗，袭击日照、圣宫山、洋河等地的日军。由于他作战勇敢，指挥有方，令敌人闻名胆寒，时有“不怕一万，就怕万毅”之誉。

1939 年冬，万毅代理一一一师三三三旅旅长。1942 年，一一一师内部发生动乱，万毅被扣押，蒋介石电令鲁苏战区总司令于学忠处决万毅。万毅伺机越狱，带领 2000 名战士投奔了共产党。中共山东分局将该师改编为八路军山东军区滨海支队，万毅任滨海军区副司令兼滨海支队队长。

1945 年 8 月，日本战败投降，万毅奉命组建东北挺进纵队来东北，纵队改编为东北民主联军第七纵队。万毅率领纵队参加四平战役、辽西战役、丰台战役、渡江战役。他带领的纵队改称为第四野战军第四十二军。

中华人民共和国成立后，万毅曾任中央军委炮兵第一副司令员、第二机械工业部副部长、解放军总参谋部装备计划部部长，1955年被授予中将军衔、一级独立自由勋章和一级解放勋章。1956年当选为中共中央候补委员。1958年任国防部第五部部长。1959年任国防科委副主任兼解放军总参谋部装备计划部部长，因庐山会议受株连被撤职。1977年10月任解放军总后勤部顾问。1982年当选为中共中央顾问委员会委员。1988年荣获一级红星功勋荣誉章。

1997年10月31日，万毅病逝于北京，享年90岁。

关露在大连

关　露

关露（1907—1982），现代女作家。原名胡寿楣，又名胡楣，祖籍河北宣化，出生于山西太原，幼年丧父，以母亲教书为生，母丧后随姨母迁居南京。1928年，她考入南京中央大学哲学系，后转文学系。"九一八"事变后，她参加上海民众抗日反帝大同盟活动，被推为上海妇女抗日反帝大同盟宣传部副部长，1932年加入共产党和左联，发表许多诗歌，结集为《太平洋上的歌声》。1939年经廖承志等人的安排，潜入汪伪特工总部"76号"内部，做地下工作。

1945年日本投降，为了关露的安全，夏衍受命将她护送到苏北新四军根据地。不久，她受到隔离审查，因刺激过重，突患精神分裂症。中共中央华中局组织部长曾山将她接到淮安军分区卫生部治疗。1946年关露病愈以后，曾山安排她到苏北华中建设大学文学系工作。不久国民党军队进攻苏北，关露来大连任《关东日报》文艺副刊编辑，翌年任旅大地委编译室主任。在大连工作期间，她去劝业工厂流浪儿童学校体验生活，用一年时间写了长篇小说《苹果园》。

关露是解放初期外地来大连的文化名人之一，对组织和指导大连的文艺工作、培养文化工作干部、开创与推进大连的革命文化，起了重要作用。

1949年3月，关露被调到北平。廖承志在征求她的意见后，将她调到华北大学三部任文学创作组组长，加入中国作家协会。1949年7月，全国第一届文代会上，周扬把她介绍给周恩来，周恩来握住她的手说："关露，我晓得。你工作得不错嘛，不简单噢。现在你还在李克农那里？"她热泪盈眶轻声回答："周副主席，我已经不在李克农那儿工作了，我在华大三部……"

1951年，《苹果园》由工人出版社出版，当时负责电影工作的陈波儿读了这部小说，颇受感动，将她调到电影局剧本创作组，改编《苹果园》。但这部电影始终没有搬上银幕。

1956年6月，关露突然被押进秦城监狱，9个月后又被释放了。不久，电影局领导要她提前退休，此时她还不满50岁。1979年，关露得了脑血栓，卧床不起。1982年3月，中央组织部、文化部对她宣读了中共中央组织部的决定："关露同志历史已经查清，不存在汉奸问题，应予彻底平反，恢复名誉。"

同年年底，关露服药自杀，终年75岁。她的作品有诗集《太平洋上的歌声》，自传体小说《新旧时代》，长篇小说《苹果园》《黎明》，译作《邓肯在苏联》等。

柳青编《毛泽东选集》

柳青（1916—1978），原名刘蕴华，陕西吴堡人。现代著名小说家。1936年加入中国共产党。1938年到延安，在陕甘宁边区文化协会工作并开始小说创作，同时深入陕北米脂县农村。

抗战胜利后，1946年2月，柳青从延安来到大连，任大众书店（今新华书店）编辑部长和党支部书记。当时书店从解放区来的干部手中收集到一些毛著单行本，这些书由于纸张质量差，印刷粗糙，不便学习和保存。于是柳青想利用书店的有利条件重印《毛泽东选集》，他把这个设想向上级做了汇报。柳青在取得宣传部的支持后，将收集到的毛泽东作品单行本和1944年5月晋察冀日报社出版的《毛泽东选集》五卷本作为蓝本，重新校订，于1946年4月出版了五卷本《毛泽东选集》。《毛泽东选集》主要收

柳　青

集了毛泽东从抗战以来的著作、演讲，还将抗战前的《湖南农民运动考察报告》和《中国共产党红军第四军第九次代表大会决议案》作为附录收入书后。在第一卷增加了《论联合政府》，在第二卷增加了《答路透社记者十二项问题》，在第五卷增加了《〈共产党人〉发刊词》。全书收文章31篇，近50万字，900余页，小32开本。6月再版一次。8月，为了满足干部和青年的学习要求，改成合订精装本出版。初版2200册，1947年2月再版3000册，11月三版5000册，共印10200册。

这部《毛泽东选集》装帧为红布皮，封面印有烫金的“毛泽东选集”五个字，下端印有“大连大众书店印行”的字样。首页印有毛泽东正面像，书前有“编者的话”，书后附有“勘误表”。这是大连和东北地区最早出版的《毛泽东选集》。如今时过半个世纪，这部书已经很难见到。

《毛泽东选集》出版以后，书店很想送给毛泽东，于是便托一位来连办事的人员给毛泽东送去《毛泽东选集》和新出版的分省地图、钢笔、怀表。1947年11月，毛泽东托人给书店捎来了回信，信中说：

大连大众书店、大众书店同人自治会、大众印刷厂全体职工同志们：

你们送来的书及钢笔、表均收到，谢谢你们的好意，并致同志的敬礼！

毛泽东

十一月二十三日

吴运铎与《把一切献给党》

吴运铎

1947年春，吴运铎来大连治病，这时大连正在筹建兵工生产基地——建新公司，吴运铎主动向上级领导提出留在大连从事兵工生产。上级领导批准了他的请求，让他担任建新公司总厂工程部副部长兼宏昌铁工厂（引信厂）厂长，协助裕华铁工厂（炮弹厂）厂长吴屏周搞好炮弹厂的建设。

1947年9月23日，是吴运铎一生中最难忘的日子。这一天他和炮弹厂厂长吴屏周一起进行炮弹爆破和杀伤力实地试验。他们在试验场地挖了7个土坑，然后把7颗炮弹埋进去，外面露出炮弹的信管，在信管上又系上一根绳子做拉索。6颗炮弹依次成功地爆炸了，达到预期的效果。可是在扯动最后一颗炮弹拉索时，炮弹没有爆炸，几次拉索都没有响。一袋烟抽完了，炮弹还没有响。吴屏周是个急性子，首先向埋炮弹的地方冲了过去，吴运铎也急忙追上去，正当他们蹲下准备检查时，炮弹突然爆炸了。吴屏周当场牺牲，吴运铎左手腕骨被炸断，右腿下半截全炸烂了，脚趾也被炸去了一半。

经过9个昼夜的抢救，吴运铎终于清醒过来了。这时他才知道，他的怀表壳挡住了一块弹片，保住了他的性命。他在病床上，左手和右腿被夹板牢牢地固定着，头部、腹部一直到脚尖都缠着纱布，不能动弹。

吴运铎躺在病床上，为了不虚度光阴，请来日本人教他学日语。4个月过去，他凭着词典能查阅日文资料，看懂日文书籍，这为他日后阅读日文打下了基础。1948年秋，他伤势刚好，就撑着双拐请求出院。回到工厂，他担任实验室主任，研究炸药，经过多次试验失败，两个月后，一种高级炸药“黑索金”研制成功。接着他又开始研究信管零件构造，有一次拆开雷管装置时，雷管突然爆炸，碎片把天花板打了一个洞，横飞的碎片被老虎钳子挡住，幸好他没有受伤，最终他还是把信管的图样全部设计出来了。

吴运铎在抗日战争和解放战争中，同他的战友为前线修复了多少枪支、制造了多少发子弹和炮弹是无法统计的。仅在淮海战役中，他们就为前线制造了 20 余万发炮弹。粟裕将军满怀激情地说："淮海战役的胜利，离不开山东的小推车和大连的大炮弹。"

1953 年 7 月，吴运铎以自身的经历为内容，出版了自传体小说《把一切献给党》。这本书在社会上引起了强烈的反响，传遍了神州大地，受到了社会广泛的欢迎，成为青年人树立革命人生观的必读教科书，累计销售了数百万册，被译成多种外国文字。

1991 年 5 月 2 日，吴运铎病逝于北京，享年 74 岁。

文化掠影

"辽东三贤"一条龙

东汉末年，中原大乱，军阀割据，战乱频仍，到处是"白骨露于野，千里无鸡鸣"的悲惨景象。而辽东襄平（今辽宁辽阳）因辽东侯公孙度父子三人的成功治理，经济繁荣，文化发达，生活安定，于是许多中原人前来避乱，出现了"十里一村"的和谐情景。襄平已是拥有30万人口的大城市了。

当时平原高唐（今山东禹城）人华歆、北海朱虚（今山东临朐东南）人邴原和同乡管宁结伴来到了辽东，因为他们都是有文化的人，当地人都称他们是"辽东三贤"。三人少时是同学，因为读书学习特别好，大家都称他们是"一条龙"，华歆是龙头，邴原是龙腹，管宁是龙尾。

华歆，字子鱼。汉末桓帝（刘志）时，入仕尚书令。汉灵帝（刘宏）时举为孝廉，任尚书郎。汉献帝（刘协）时任豫章太守。后依附曹操，与郗虑同率兵入宫收杀献帝伏皇后。曹操时任侍中、尚书令。魏文帝（曹丕）时封安乐乡侯，官司徒。魏明帝（曹叡）时官太尉，封博平侯，谥敬侯。

邴原，字根矩。11岁丧父，家贫。东汉末年与同乡刘政避乱于辽东。公孙度要杀刘政及其全家，刘政藏身在邴原家中，设计逃回家乡。邴原说服公孙度，释放了刘政的家属，并资助他们回家。邴原以教学为业，在辽东颇有名声，有弟子数百人。曹操很器重他，任用他为司空掾。邴原小女早亡，曹操爱子亦亡，欲求合葬。邴原说："合葬，非礼也，我所以投靠你，是因你能遵守祖法而不易。如果我同意你的合葬要求，那是凡庸的行为。你认为如何？"曹操同意，又晋升他为丞相征事。

管宁，字幼安。齐相管仲九世孙。16岁丧父，家贫，乡邻多来救济，均被拒绝。他与平原华歆、同乡人邴原是好友，同去辽东避乱。前来就学者络绎不绝，他给弟子讲授儒家学说30余年。邴原为人耿直，常论公孙度的政策，引起他的不快。管宁劝邴原说："不合时宜的话容易招来祸害。"要他尽快离开这里。管宁关心群众生活，为村民买来打水用具，解决饮水困难。邻居的牛吃了他的禾苗，他把牛送还邻居，牛主人深感惭愧。魏文帝曹丕任命他为太中大夫，魏明帝曹叡任命他为光禄勋，他均坚辞不受。他愿做一个隐居山林、清高恬淡的人。"割席断交"的典故讲的就是他与华歆的故事。

乔德秀编撰《南金乡土志》

乔德秀，字兰芝，号希真子。道光二十九年（1849）出生于大连营城子西小磨子村。光绪年间贡生，候补直隶州训导。

乔德秀

幼年丧父的乔德秀，在私塾馆受到塾师段叶唐（字盛桐）先生无微不至的关怀。先生见他勤奋好学，家业清贫，便免收了他的学费，让他安心读书。后来，乔德秀为了奉养老母，还是辍学务农在家。族叔乔维璠为此惋惜地说："此有用才，埋没良可惜！"于是他便资助乔德秀完成了学业。学成后，乔德秀在自家设馆授业，光绪十二年（1886）童试，他教的学生名列榜首。

光绪十八年（1892）乔德秀在省城奉天三大著名书院之一萃升书院讲学。他为人谦逊，治学严谨，通晓经史，能诗文，与辽东名士多有往来。乔德秀也被公认为"辽东名儒"。他曾说："学问者，不得良师不能识途径；不获益友亦无以资切磋也，吾受益于师友多矣！"

日俄战争后，乔德秀担心中国文化将遭泯灭之灾，于宣统二年（1910）春，创办了金州私立西小磨子公育两等小学校，自任校长并授课。奉天省行政公署为其备案，并特为之颁发印章，"深嘉其以一华人能于租界内为提倡创立学校之嚆矢"，以示对其办学的奖励和支持。

为了坚持民族传统和小学特色，乔德秀特意在校名之前冠以"金州"二字，而校名采用国内惯用的"公育两等小学校"，以区别于殖民当局的"关东都督府""关东州""公学堂""普通学堂"的名称。这一举措表示该校的主权是中国的，是为中国学生服务的，不为奴化教育所驱迫。

在治校方面，乔德秀采用东西方最新的办学章程，管理得当，教学得法，受到社会各界的赞许，人称"三先生"。他办学不到一年，从四乡前来就读的学生就有百余人。在日本殖民统治下，敢于冲破重重阻力，创办一所中国人自己的学校，传授中国文化，这是十分难能可贵的。

为了教育学生爱乡爱国，灌输中国文化，不使地方文献湮没，乔德秀专意撰修乡土教材，“搜罗古今之书史，调查远迩之见闻，征其实，举其要”，拾遗补阙，据实考证，几经寒暑，数易其稿，终成《南金乡土志》。他在该书序言中写道：“中华自立国以来，除残虐时代而外，吾先民未有不爱其国者。惟立爱自亲始，爱家必先爱身，爱国必先爱乡。眷怀桑梓，万众一心，大同之景象，迄今犹可想见。”他痛惜世风变迁，痛斥那些对爱乡、爱国传统“习焉而不见，懵然而不知”的骄奢子弟、昏愚子孙，是浪掷祖业的败家子，并指出：“不知爱家，何由爱乡？不知爱乡，何由爱国？是皆失于教育之故也。”他认为本志书“用以补吾乡五千年之缺点，即以浚本校两等生之灵明，庶几知爱乡即知爱国乎”。他将爱乡与爱国统一起来，寓于教育之中，表现了他执着编撰志书在于启迪本校儿童和世人爱乡爱国的初衷。

民国二年（1913）12 月 21 日，奉天省行政公署教育司认为该志书“条理精密，搜讨亦极宏富，堪为小学校乡土史地等科之参考书”，并令其自行付印。该志书记载了金州、大连、旅顺等地的政治、历史、文学、人物、山河等项，其中租借政治一项最详细。书中写道：“租借者两国交涉之新名词也，往古无之，然曰租借，则在我犹有主持之权，在人自有归还之义，今志其政治，俾资考镜。”表现了作者对俄、日侵略者的愤慨与收复领土主权的信心。1931 年，该书在大连新亚印务公司石印出版，广为散发。该志书填补了大连地区从无志书的空白。

民国二年（1913），因办校宗旨和教学内容违犯了日本殖民当局的“教育法规”，学校被迫停办解散。直到晚年，他每忆此事，仍念念不忘，痛心疾首不已，引为终身憾事。

晚年的乔德秀在家仍埋头著述，有《东北要塞鉴古录》《营城子会土地沿革概略》《书忍堂治家规则》《鸿指三生录》及诗文若干卷。

乔德秀不仅在教育上不畏强暴，而且在实际生活中也勇于为民请命。传说在日俄战争期间，俄国兵不顾中国农民死活，欲割青苗喂马。他得知后，挺身而出，与俄兵据理力争，终使他们改用青草喂马；日本官署强行从中国民田取土修河坝，他不顾个人安危，只身闯入日本衙署陈情评理，迫使日本人收回成命，因此他在村民中享有崇高的威望。

1916 年 9 月 12 日，乔德秀不为殖民者所容，在悲愤中离开人世，终年 67 岁。

金州南金书院

金州南金书院是清乾隆三十八年（1773）由知县雅尔善在原学宫基础上扩建的。它是一所由地方官绅捐资、地方学官经理、培养科举人才的县级书院。该院初建时，拨学田 1000 亩，征银 70 两，在县学宫内成立。进士丁日功监修书院，筹办学田。1815 年一度改称明伦堂。1867 年金州厅海防同知谈广庆联合地方文武官员范广文（训导）、王尚之（少尉）、安棣棠（副都统）等人发起募捐重建南金书院。

书院的课业分为两类：一类是“童生常课”，即未达到秀才的文童来书院攻读四书五经和八股文，以老师授课为主；另一类是“文生月课”，由书院向考取生员的秀才们定期讲课，并批改他们的文章和诗词，以准备三年一度的乡试。

书院的考试，定为每月初二和十六两天举行。初二的考试称为“官课”，由学官（金州厅海防同知）出题；十六日考试称为“斋课”，由书院的教师出题。考试成绩按生员、文童各定三等：生员分超等、特等、一等三级，超等、特等各一名，一等若干名；文童分上取、中取、次取三级，上取 5 名，中取 5 至 10 名，次取若干名。生员特等和文童中取以上，书院发给“膏火费”（即奖学金）。膏火费由书院的学田收入支付，官课成绩优异者，除学院发给膏火费外，官府还再给同等数额的奖金，以示对优秀者奖励。

1894 年中日甲午战争爆发，书院停课。1900 年俄国占领金州，另建俄清学校。1904 年，金州名绅刘心田等人出于对书院 130 年来对普及金州文化教育和培养人才的深厚感情，组成南金书院校友会，向各界募捐，在俄清学校的校址上创办私立南金书院民立小学堂，以延续中华民族文化的传统。1906 年，日本殖民当局为了控制这所学校，先后将其改名为“关东州公学堂南金书院”“金州公学堂南金书院”。

自 1734 年金州设立宁海县学开始，至 1894 年中日甲午战争停学为止，在 160 年间，先后培养了进士 10 人、文武举人 44 人、各类贡生 220 人。总之，南金书院为继承和传播中华民族文化做出了极大的贡献。

金州名绅曹正业为奖掖读书、敦促成才，自投巨资，设立“曹氏教育基金会”。此后又有曹德麟设立“辽东育英会”，每年对品学兼优的学生都要给予奖励，鼓励他们继续努力进取。而今书院林木葱郁，仍不失往日学府的风采。它是金州的俄式百年建筑，是一个有纪念意义的景点。

复州横山书院

横山书院位于瓦房店市复州城镇西街路北。横山（又称塔山）海拔 328.7 米，是复州境内最高峰，取此山名为校名以象征该校是复州的最高学府。

横山书院院址原是道光年间复州守尉顾尔马浑将军的府邸。正厅 5 间，东西厢房各 7 间，门房 3 间。道光二十四年（1844），复州知州章朝敕倡议，地方士绅胡绍庭、刘祖尧等资助创办，在将军的原府上创建横山书院。

咸丰年间，复州知州王廷祯主持重修横山书院，增建后厅 11 间，后院东西厢房各 6 间，书院由州府学正（相当于教育局局长）或吏目（相当于副县长）主持，并兼任书院山长（亦称院长），聘请各地知名文人任教。书院自创办以来，人才辈出，从 1844 年到 1905 年的 60 年间，在册登科人数近 300 名，其中翰林 1 名、进士 2 名、举人 10 名、贡生 58 名、庠生 220 名。

1906 年，朝廷下令教育效法西欧，复州州官曹祖培改横山书院为横山学堂。1913 年废州立县，学堂易名为奉天省复县中师学校，即中学和师范合校，课程是新式的国文、英文、史地、数理化等。伪满时改名为国民优级学校，

横山书院

国民党统治时改为复县士达中学。

解放后，在横山书院旧址创立复县第二中学。书院原貌保存完整，1985年被列为省级文物保护单位。

旅顺博物馆

旅顺博物馆是国内馆史较长、规模较大、藏品丰富的一座历史艺术性博物馆。

旅顺博物馆占地25000平方米，建筑面积5863平方米，馆舍为近代复兴式折中主义风格。其原址为沙俄陆军将校集会所，因战争而停建。1916年，日本殖民当局投资30余万日元，由日本著名建筑师前田松韵设计重建。该楼主体为砖石木框架混合式结构，主体两层，局部三层，地下一层，中央顶层突起一塔楼，正面入口有柱廊，楼面有雕饰，造型庄重典雅，气势恢宏，是大连近代著名建筑之一。2006年被公布为全国重点文物保护单位。2008年被评为国家一级博物馆。

1917年4月1日对外开馆，馆名几经变更。原名关东都督府博物馆、关东厅博物馆、旅顺博物馆，苏军进驻大连后改名旅顺东方文化博物馆。1951年1月苏方移交给中国政府，1952年改称旅顺历史文化博物馆，1954年4月定名为旅顺博物馆，郭沫若题写馆名。

旅顺博物馆现有文物5万余件，其中80%为近50年所入藏。文物品类齐全、价值高，国内一级文物200余种、二级文物2000余种。全部馆藏分为青铜器、书画、漆器、甲骨、石刻、货币、服饰织品、玉器、竹木雕刻、印玺、档案、考古品等20多个类别。

馆藏书画有宋代苏轼的《阳羡帖》、元代刘秉谦的《竹石图》等，明清作品较多，包括“明四家”“清六家”“金陵画派”“扬州八怪”等各派代表人物的作品，其中有明代沈周《青园图》、文徵明《老子道德经》，清代王翚《观梅图》、上睿《携琴访友图》、张若霭《五君子图》、樊圻《秋山听瀑图》、吴宏《策杖秋访图》等。

青铜器藏品有商、周、汉代的食器、酒器、兵器、乐器等，有铭文者达250多件，其中有西周的小臣宅簋、吕鼎，战国时期的大梁鼎，秦代的铜权，汉代的南陵铜钟等，造型纹饰都很典雅，许多器铭十分重要。

旅顺博物馆

陶瓷器数量大，品种多，有仰韶文化的彩陶、商代的白陶、晋瓷、唐三彩、元明的青花、清代的彩瓷等，其中青瓷、辽瓷和明代的龙泉窑、青花尤为可观。

新疆文物是馆藏的一大特色，这是20世纪初日本大谷探险队从我国西北获取的珍贵文物。馆藏文物有佛教画像、写经、文书、泥塑人物俑、壁画、陶器、木器、墓志、钱币、纺织品等，还有吐鲁番出土的自然木乃伊，这批文物数量大、学术价值高，为国内外学术界所瞩目。

博物馆还藏有古代印度犍陀罗雕刻，日朝书画、陶瓷、货币等。

博物馆还组织专题陈列，举办青铜器、漆器、玉器、珐琅器、陶器、书画、货币、铜镜、佛教造像等几大类文物专题展，另设“大连地区出土文物”展和“新疆出土文物”展，计16个展室，陈列面积3000多平方米，展出文物3000余件。

2001年4月，旅顺博物馆新馆建成，分上、下两层，建筑面积4900平方米，陈列面积2800平方米。一楼举办“大连古代文明展”，以出土文物和现代科技手段再现6000年前大连古代人们生活的场景，给人们以真实生动的感受；二楼为馆藏精品与临时展，临时展将陆续引进国内外精彩的文物与艺术品。

旅顺博物馆定期出版馆刊《旅顺博物馆学苑》。

满洲资源馆

满洲资源馆原来位于中山区胜利桥北烟台街3号。该馆主楼是沙俄于1899年7月修建的达里尼市政厅。

日本满铁为掠夺东北地区的地矿资源，于1907年4月在这里创建了地质调查所，此后相继更名为“满蒙物资参考馆”“满蒙资源馆”“满洲资源馆”。

该馆建筑面积5000多平方米，展出面积2500多平方米。该馆人员通过各种手段，从世界各地搜罗到地质矿物、农林业、畜牧业、水产业等各种实物、标本、模型4000余种，图表、文献资料万余件，以及自然科学研究机构的试验品和参考品，并以图解形式标明由资源到产品的转化过程及其应用价值。这些陈列展出，为选择开发、利用提供了翔实的依据。该馆自成立以来，为日本帝国主义的经济侵略服务，提供经济情报并创造条件，来满足其扩大侵略战争的物质需要。

1959年后，该馆更名为大连自然博物馆，是我国四大著名自然博物馆之一，是联合国教科文组织注册的一所综合性的自然科学博物馆。展品包含海洋生物、地质矿产、生命的起源与人类的出现、动物、植物五个部分。

满洲资源馆旧址

在海洋生物展厅中，鲸类标本最惹人注意。这里有国内最大的黑露脊鲸和长须鲸，性情凶猛的抹香鲸和虎鲸，还有珍贵的白鳍豚、有“美人鱼”之称的儒艮、龟类中最大的棱皮龟、鳍高如帆的旗鱼、上颌似剑的箭鱼、国家一级保护动物中华鲟、温文尔雅的姥鲨、性情残暴的噬人鲨、横行海底的三疣梭子蟹等。

庞大的恐龙使人感到极大的兴趣。这里有亚洲最大的恐龙——合川马门溪龙化石标本，它是四足行走的蜥臀目马门溪龙科恐龙，全身长 22 米，颈部长 11 米，还有棘鼻青岛龙化石标本，它是大型双足行走的鸟臀目鸭嘴龙科恐龙，全身长 6.6 米、高 4 米。

动物标本藏品丰富，有憨态可掬的大熊猫、顽皮可爱的金丝猴、兽中之王东北虎、珍稀动物扬子鳄、来自澳大利亚的鸭嘴兽、“跳跃能手”袋鼠、“长跑冠军”鸵鸟、非洲凶猛的白犀牛、世界最小的鸟蜂鸟……

植物标本分别展出珍稀濒危植物品种和 8 种国家一级保护植物，195 种国家二级保护植物，222 种国家三级保护植物等。

1998 年，大连自然博物馆新馆在黑石礁海滨建成，蓝顶白墙的欧式建筑甚是美观、古雅，建筑面积 1.5 万平方米，地下一层，地上三层，楼内设施全部现代化、自动化，收藏标本 10 万余件，丰富的展品使其成为向人们进行自然科学知识教育的重要场所。

满铁大连图书馆

1907 年，为了搜集情报和文献资料，以配合形势为侵略战争服务，满铁调查部成立了图书室，并用 17 年的时间建起一座占地面积 5872 平方米、建筑面积 700 多平方米的东北最大的图书馆。

该馆派出专人利用各种手段、通过各种渠道到各地搜罗古今中外各种图书资料。1922 年，该馆接收了哈尔滨苏联图书馆所藏有关东北、蒙古、西伯利亚地区的俄文图书资料 3 万册。1923 年，又在东北各地收购一批有关东北、蒙古、远东地区的文献资料，尤其重视东北地区的地方志、地图、文稿、地质、风土人情和政治经济的书籍，特别是不公开发行的政府文告、奏稿、档案和学会业务调查报告资料。这一次搜集到的地方志就达 1300 余部。1925 年，又收购苏联驻长春领事馆的有关中国边疆问题的西方图书 500 册。在北

满铁大连图书馆旧址

京收购到意大利公使馆藏的中国地图600余幅。这些地图都是稀世珍宝，大多为明清时期印制的图册。日本人大谷光瑞还将自己收藏的5000册中国古籍、300册西文图书移交给该馆。1927年，该馆又在京津一带收购到中国古籍4000多册，其中有宋、元、明、清版本的珍贵图书。

“九一八”事变后，日本军国主义分子德永重康组织“满蒙学术调查研究团”到辽西一带大肆掠夺各种文献资料。他们还对东北各地图书馆收藏的历史文献和乡土材料进行公开的掠夺，并通过满铁各地事务所骗夺到大量的历史典籍文献、考古资料和地方志。

该馆为配合日本掠夺东北境内的物资而提供有价值的文献资料，编辑了七卷本的《满蒙百科全书》、两卷本的《满洲关系汉书目录》及《满蒙文献研究》《了解满洲的必读物》等。

1940年，为配合日军南侵，编辑了《佛领印度支那文献目录》《特殊文献目录》，收录中外资料922种。

满铁大连图书馆从1907年开创到1945年日本投降，搜罗到图书近40万册、中文古籍线装书18万册、西文书3万册、中外文杂志652种、报纸57种，为当时东北地区藏书最多的图书馆。

解放后，该馆更名为大连图书馆，是市综合性公共图书馆。1990年于长白街新建馆舍，馆舍总面积3万平方米。馆内藏书210万册，其中古籍55万余册，所藏明清小说、地方志、满铁文献和满蒙资料为国内外学者所关注；清初所绘制的舆图5053幅，清代内务府档案2051件，是研究清代政治、经济、文化的珍贵史料。为了满足读者阅览方式多样化、现代化、舒适化的需要，与现代化国际城市相适应，从1999年起该馆进行了改扩建工程，为读者提供全方位、多功能、一体化的借阅、咨询、研讨、展览、培训、休闲服务。

满铁中央试验所

满铁中央试验所又称满洲中央试验所（即今大连化学物理研究所前身），1907年10月，根据满铁总裁后藤新平的提议，由关东都督府成立的。1910年5月移交给满铁经营管理，更名为满铁中央试验所。

该所设有分析化学、应用化学、制丝、染织、窑业、酿造、卫生、电气化学等部门，主要是对东北和内蒙古地区的资源进行调查和试验工作，为满铁的扩张和经济掠夺提供技术依据。1927年调整机构，改设农业化学、畜产化学、矿业化学、油脂化学、煤焦化学5个科；1931年将满铁物理研究所并入该所，改设无机化学、有机化学、农业化学、机械、电气、土木等科；1935年增设车辆研究科，第二年又将机械、电气、土木、车辆研究科划出，另立车辆研究所，试验所成了纯粹化学研究所；1939年又增设冶金科和特别物理研究室，该所成了化学物理研究所；1941年太平洋战争爆发后，该所面向战争，承担军需工业的研究，开展制造轻金属和液体燃料的研究，直接为侵略战争服务。

试验所经过38年的发展，规模不断扩大，至1945年日本战败时，全所人员752人，其中研究员22人，副研究员40人。每年研究费用超过千万日元。研究机构设有无机化学科，下设电气化学、窑业、一般无机研究室和无机分析室；有机化学科，下设油脂、大豆、纤维研究室和一般有机试验室；燃料化学科，下设煤炭、矿油、合成燃料和瓦斯研究室；农业化学科，下设食品发酵、一般农产品和皮革研究室；冶金科，下设冶金、选矿研究室；还有特别物理研究室、开放研究室。共有7个科，114个试验室，10余处试验工厂，藏有各国化学书籍万余册，化学杂志800余套9000余册。该所对抚顺煤矿、油母页岩、页岩油、煤液化、大豆油脂的提炼、东北地下水资源、高粱酒发酵、

满铁中央试验所旧址

耐火砖、陶瓷器、金属铝、特种钢、中药成分等方面的研究，都有一定的成果。

1970 年后，该所最终更名为中国科学院大连化学物理研究所，是国家重要的科学研究机构，具有雄厚的科研能力。在催化技术及催化基础、工程化学及生化工程、色谱与现代分析化学、激光化学及微观反应力学等方面的研究都有突出的成绩。

《泰东日报》及其他

1908 年 11 月，大连华商公议会总理刘肇亿和协理郭精义为了传播信息、丰富市民的文化生活，由公议会出资创办了大连地区第一份中文报纸《泰东日报》。为了工作方便，特聘请日本汉学家金子雪斋担任社长兼主编，社址原在南山，后改在飞驒町 67 番地（今民生街 62 号，胜利桥东侧）。

1913 年 8 月，爱国知识分子、同盟会会员傅立鱼任该报编辑长，他以报纸为阵地，做了许多有益于中国人的事情，如在报上揭露日本殖民当局大肆贩卖鸦片，毒害中国人的罪行；发表文章披露日本人强占中国农民水田的事实；“五卅”惨案时，发表社论，揭露事实真相，把矛头指向帝国主义。于是惹怒了日本殖民当局，他们以“排日巨头”“赤化祸根”和拥护张学良“东北易帜”的罪名，于1928年7月将傅立鱼逮捕，强行驱逐出大连。

1931年日本帝国主义侵占东三省，1932年建立伪满洲国，此后，进一步加强了对新闻舆论的监督控制，《泰东日报》成为宣传日本军国主义“王道乐土”“中日亲善”的工具。1941年太平洋战争爆发，日本殖民当局利用该报大肆宣扬“大东亚共荣圈”“大东亚圣战必胜”“英美必败”等反动论调，完全成了日本军国主义的喉舌，为其侵略战争政策服务，是一张彻头彻尾宣传法西斯主义的报纸。

自金子雪斋死后，进入20世纪30年代，《泰东日报》便被日本军部所控制，报社在社长的支配下，设编辑局和营业局。编辑局下设整理部、取材部、文化部、翻译部、校对部；营业局下设广告部、贩卖部、总务部、事业部、工务部。主要部门的负责人全是日本人。

《泰东日报》创刊时每天出版对开两版，1938年增至10个版，发行量达12万份。到了后期，由于战时纸张紧缺，减至4个版，发行2万余份。1945年10月上旬，苏军司令部勒令其停刊，创办长达37年的《泰东日报》便结束了运营。

在大连，除了《泰东日报》外，还有两份中文报纸，即《关东报》和《满洲报》。

《关东报》创立于1920年9月1日，报社地址在现大连西岗区泰公街28号。社长是前日本海军政务次官永田善三郎，副社长市川年房、主笔渡边岩，他们都是日本人。1924年，永田善三郎回日本，另有任职，社长由副社长市川年房接任，主管社务。此间办报资金不足，报业处境困难。

1931年，西大连商会副会长刘先鸿和刘召卿等人改组了关东报社，他们请老社长市川年房任社长，刘先鸿任副社长、周述之任营业局长、刘召卿任编辑局长、王子衡任编辑人，另聘韩冈瑞为编辑长。

《关东报》开始每天出报6版，后增至12版。发行于中国东北、华北和日本地区，设150余所支局和通信所，从业人员130名。1926年日发行量4500份。1937年与《满洲报》同时被官方勒令停刊。

《满洲报》创刊于1922年7月24日，报社地址在大连山县通142号（今人民路），1930年迁至电气游园对面新建的六层大楼（老动物园对面，今不存）。社长西片朝三，副社长久留宗一，主笔金念曾，编辑杨华亭。

《满洲报》是在《满洲日日新闻》中文版的基础上独立出版的，发展很快。1935 年春，该报收买了奉天的《民声晚报》（中文版），发行 4 版晚报，引起报界瞩目，与奉天的《盛京时报》相抗衡。

《满洲报》开始每天出 8 版，1935 年增发晚刊 4 版，共计 12 版。该报在东北、华北设 160 余所分社和支局，发行东北全境。1926 年日发行量近 20000 份。1937 年“七七”事变后被官方勒令停刊。

俄罗斯大戏院

俄罗斯大戏院坐落在大连市西岗区中山路 145 号，它是大连第一家大戏院，1902 年由纪凤台独资营建，所以当时人们又称之为“纪凤台大戏院”。

纪凤台，山东黄县人，加入俄国国籍，早年在海参崴经商，同俄国官方多有往来。沙俄强租旅大后，他任俄军翻译官，在俄军的庇护下，在大连和旅顺经营和德号商店、瑞祥木工厂，承包旅顺新市街和大连港城的建设，为当时最大的承包商，也是大连的开发者之一。

俄罗斯大戏院占地面积 3900 平方米，三层楼房，钢筋混凝土和木质混合结构。戏院整体造型为中西合璧式，屋顶由几个起脊屋面相连接，雕饰的

俄罗斯大戏院

年 4 月，招收公学堂高等科毕业的女生。至 1945 年 8 月该校解体时，共招收 7 届学生，已经毕业 3 届近 300 人，在校生近 400 人，教职员工 32 人，除满语教员 4 人外，其余都是日本人。

这四所学校之所以是名校，有三个原因：学校和学生质量高、有爱国思想和民族意识、体育成绩好。当时大连地区公学堂毕业的报考生多而招生极少，势必形成激烈的竞争，于是四校集中了一批天资聪颖、品学兼优的学生，是大连知识青年中的佼佼者，关向应就是大连伏见台公学堂商业科的毕业生。他们都具有强烈的爱国思想和民族意识，参加过各种爱国反日活动，旅顺师范学堂就有地下党支部。四校的体育活动都很有名，尤其旅顺高公中学部名列前茅，短跑名将刘长春就是该校的毕业生。

与此同时，日本有男子中学 5 所、女子中学 7 所，另有许多青年补习学校，而中国居民人数远远超过日本人，由此可见日本殖民当局根本不重视中国人的教育。

此外，中国人的中等职业学校还有：成立于 1923 年 3 月的金州农业学堂，学制 3 年；成立于 1925 年 6 月的大连大同女子文化学校，私立，学制 4 年；成立于 1933 年 4 月的大连南满商业讲习所，私立，学制 3 年；成立于 1935 年 4 月的大连市立协和实业学校，学制 4 年；旅顺康德女塾学校，1935 年 5 月由肃亲王善耆之女创立，学制 3 年；金州商业学校，1939 年 4 月由金州绅商毕国树、邵尚俭创办，学制 4 年。

旅顺工科大学

1908 年，关东都督府都督大岛义昌在《旅顺工科学堂创立书》中写道："向来满蒙之地，人文蒙昧，百工未举，而土地广阔，人口日增，一旦文明就绪，各般工业必纷纷兴起，工艺技术人才将大批需要，旅顺今日正为蓄才以备之时。以文备配武备，借以大力开展旅顺面貌，定将奠定百年基业。在旅顺开办学校，实为对满政策上至关紧要之一着，且须急办之事。工科学堂是本府最高的专门教育机构，它担负着开发满洲资源的重任。"

次年 5 月，在旅顺市札幌町（今中国人民解放军第四〇六医院所在地）筹建旅顺工科学堂，先由关东都督府民政长官白仁武兼任校长，1917 年由教授富田忠诠接任。该校设电气工学、机械工学、采矿冶金 3 个学科，学制 4 年，其毕业生被认定与日本国内高等学校、大学预科毕业生具有同等学力。1910 年 5 月开学，至 1922 年 4 月，共毕业 9 届学生 577 人。同年，学校升格为旅顺工科大学。

旅顺工科大学设大学学部、大学预科和附属工学专门部，同时撤销旅顺工科学堂，1926 年 2 月撤销附属工学专门部，改设大学学部（本科），修业 3 年；研究部，修业 3 至 5 年；预科，修业 2 年；预备科，修业 1 年，这是专为中国学生学习日语设立的。大学设土木建筑、航空、造船、化工等学科。1928 年至 1943 年，共有 16 届 914 名大学学部毕业生。1944 年 1 月，该校大学学部、预科、预备科共有在校生 705 人，其中中国学生有 63 人。

该校中国学生是爱国的，1925 年上海发生“五卅”惨案，6 月 16 日，旅顺工科大学 64 名中国学生和旅顺二中 90 名学生举行游行示威活动。1930 年双十节，旅顺工科大学学生乔传珏、张有萱联合旅顺二中和旅顺师范学生举行庆祝大会，会后演出《越王勾践》。

此外，还有南满洲工业专门学校、大连经济专门学校、旅顺医学专门学校和旅顺高等学校。这 5 所学校是旅大地区的高等学府，其中旅顺高等学校是一所专门为日本中学毕业生升入大学而设立的预备学校。

旅顺工科大学旧址

《新文化》杂志

1923年2月8日，《新文化》月刊在大连创办，发起人是大连中华青年会会长傅立鱼先生。《新文化》创刊后，远在广州的孙中山先生亲自写来贺信，并为该刊挥笔写下了“宣传文化”四个大字的题词。他赞扬了在日本殖民统治下的大连人民敢于进行思想文化斗争的伟大创举。1924年4月，《新文化》改名为《青年翼》，成为大连中华青年会的会刊，先后出版了7卷67册。

傅立鱼是今湖北英山人。早年留学日本便结识了孙中山先生，并参加了同盟会进行革命活动。他在《新文化》发刊词中申明：“发挥中国固有文化之精神，吸收西洋文化之精髓。”他明确地提出反对日本帝国主义的文化侵略，他写道：“东三省之人民，乃中华民国之人民也；东三省之土地，乃中华民国之领地也。其性质与地位，皆有独立特异之点，绝非凭借他国之文化而能达到至养之域者。”“文化能以发展，斯不至归于劣败；文化能以独立，斯不至为外来文化所风靡。吾辈责任，胥在此乎。”这便是他创刊《新文化》和宣传新文化的目的。

《新文化》内容丰富，辟有《时事评论》《哲学》《经济学》《史学》《文学》《青年修养》等栏目。其撰稿人为各派名流，如孙中山、李大钊、恽代英、梁启超、胡适、马寅初等。

《新文化》实行“兼收并蓄”的编辑方针，也经常刊登一些马列主义的文章。如李大钊的《史学与哲学》《史学概论》，恽代英的《民治教育为现代必要之问题》。列宁逝世后，傅立鱼撰写《列宁氏之逝世》一文，他认为“夫岂仅俄罗斯人之损失，谓为全世界人类之损失，亦未过也”。1925年1月，《青年翼》第四卷第一号刊登过孙中山的《大亚洲主义》一文。这些文章使读者耳目一新，在大连起到了宣传新文化的作用，打破了日本殖民当局对大连人民思想文化的封锁。

《新文化》是“五四”运动之后，在大连地区传播民主革命新文化的进步刊物，在全国也颇有影响。由于傅立鱼的爱国反日活动为日本殖民当局所嫉恨，1928年，日本人将其逮捕并驱逐出大连，与此同时，其刊物也被迫停刊。

丁文涛与东北地矿

丁文涛，又名丁涛，字松山。1901 年出生于大连甘井子区营城子一个清贫的儒生家庭。丁家在清初由山东移民到金州务农。丁文涛的祖父丁华南为人聪明、机智、能干，后入伍，不久便晋升为清军金州统领。退职后，金州副都统衙门在营城子赏封他若干土地和山林。后来，他便携家落户在营城子。丁文涛的父亲丁国庆是旅顺师范学堂的首届毕业生，一生从事教育工作。他主张教育救国，鼓励家长多多培养子女求学读书成才，贡献社会。他的 6 个子女都受到了高等教育。丁国庆深受学生的欢迎，村民都很尊敬他。他首创“四不”家训：不吸烟、不饮酒、不赌博、不迷信。他还提倡多植树、少垦荒。他以身作则，教育子女和学生，并向社会广泛宣传，扩大影响。

丁文涛在家男孩中排行老大，幼年丧母，跟随父亲习读。他自小才智过人，聪明好学。18 岁时，在大连爱国民族资本家周文贵的资助下，读完了当时的一流中学奉天南满中学堂。1923 年，他又以优异的成绩毕业于旅顺工科大学。在校期间，他为维护中国学生的权益，多次同日本学生据理抗争，博得中国学生的敬重。大学毕业后，日本人看好丁文涛的才学，要高价买断他为日本人所用，被丁文涛断然拒绝，后来他考入张学良创办的东北大学学习。

丁文涛天资聪慧、才华横溢、年轻有为、精明干练，通晓英、俄、日三种语言，被时人列为“关东三才子”之一。他在东北大学时曾被日本人抓去当兵，张学良获知后立即解救，任命他为私人秘书、奉天省长公署技正、西安煤矿（今吉林辽源煤矿）监事，并把他视为股肱，成为莫逆之交。丁文涛对东北三省的地矿做过初步的勘查和研究，并提出可行性的规划报告，上书张作霖。张作霖阅后，十分赞赏，给他题写了“少年英俊，前程无量”8 个字作为鼓励。

1929 年冬，由于中东铁路的路权归属问题，中苏之间爆发了“中东路事件”。扎赉诺尔煤矿机器厂房设备和煤洞等遭到严重破坏，生产停顿。翌年春，张学良为恢复该矿生产，任命丁文涛为副矿长（矿长是苏联人捷久凯维奇），主持重建开工事宜。他接任后，为了全身心投入复建煤矿生产的工作，将其家眷迁至矿区。经过半年的努力，煤矿恢复了生产，解决了失业工人的生活问题，深得工人的好评。当时报纸曾载文说，自丁副矿长来到煤矿，将及一

谢廷麒隐居大连

谢廷麒，字泗泉，号觉非龛主、清泉山人。陕西宁羌人。清光绪元年（1875）生于福建闽南。

他聪慧有隽才，9岁就能写诗，闻名于世，有“人龙”之美誉。后师从李雁洲，学习书画诗词和医学。历任四川大竹县、万县、间州、顺庆府知府。民国初年任川北盐运副使、四川盐运使。1921年秋，他辞官赴上海，以书画为生。当时记载有“乞医乞画者，踵相接，门若市，书贾以之印行，风传海内外”。

1924年，他来到大连，居于市内南山附近。创办寿民药房，悬壶行医，“京沪求医者，尚不惮跋涉以来”。同时他与隐居于大连的名人以及地方名士多有往来，如成多禄、徐宗浩、丁燮生、黄越川、孙宝田、刘占鳌等人。他能书善画，又善于写诗，《中国美术家名人辞典》称他“工画山水，淡远绝欲，意在笔墨之外”。1925年5月发行的《有美堂金石书画家润例》中有《觉非龛主书画例》。

他以书画闻名于世，最擅长山水和魏碑小楷。旅顺博物馆藏有他写的《曲氏井题咏》。

兹录诗作四首如下：

壬申人日以文诗社雅会未赴口占

入春快见雪盈天，高会辽东兴欲然。
寄语豪情诗酒侣，好题佳叶衬新年。

戊辰偕朱子桥游旅顺

鸡冠山畔石崔嵬，鸠据宁知一念非。
陈迹于今遗劫火，飘零故垒对斜晖。

和袁性之

世事沧桑说已迟，耐寒孰兢老松枝。
联吟携酒曾相约，星浦月明潮上时。

和孙玉良

九度年光辽海滨，索居赖结素心人。

偷闲静炼壶中药，小隐难寻世外津。

逐处疮痍莫起禹，连天烽火未亡秦。

埋头细译东西史，感慨兴衰认爪鳞。

刘洪龄书写“万忠墓”

旅顺万忠墓树立的那块墓碑，正面镌刻的“万忠墓”三个大字，就是由刘洪龄先生书写的。

刘洪龄（1871—1955），字梦九、鸣九。出身于书香门第福善堂。自幼从父学习四书五经，注重书法训练，每天必写两个小时，从春到冬，无一间断，于是练就了他柔婉、苍劲的书法风格。1906 年，他曾为旅顺新落成的天后宫书写碑文《创修天后宫序》，此后又为营城子永兴寺大庙和乡里百姓写过一些碑文。他担任过营城子小学首任校长 10 余年，离职后在自家开馆教授私塾，每年招收学子 30 余人。他教书育人，备受尊敬，人称“大先生”。他在培育子女方面尤有独到方法。其长子刘伯刚留学日本京都帝大经济部，1927 年加入中国共产党，是营城子地区最早的党员之一。

刘洪龄四弟刘洪慈也是一位教师，做过小学校长，颇有声望，人称“四先生”，他的书法也很有名气。

丁文江与《徐霞客年谱》

丁文江（1887—1936），近代地质学创始人，字在君，江苏泰兴人。1902 年留学日本，后转赴英国学习动物学和地质学，1911 年毕业于格拉斯哥大学。1912 年在上海南洋公学任教，著动物学教科书。1913 年任工商部矿政司地质科科长，参与创办北京大学地质门研究班，主讲古生物学，为我国培养了第一批近代地质人才。同时创办中国地质调查所，任所长，指导地质学研究和发展，是中国地质学第一人。成立中国地质学会，任副会长，主编《中国古生物志》。与胡适合办《努力周报》。1926 年任淞沪商埠督办公署总办，辞职后编纂《徐霞客年谱》，并整理出版《徐霞客游记》。1931 年任北京大学地质学教授。1933 年与人合编出版《中华民国新地图》和《中国分省新图》。1934 年任国立中央研究院总干事，兼任中央大学地质系名誉教授。1935 年年末赴湖南考察煤田地质，因煤气中毒，于 1936 年 1 月在长沙逝世，终年 49 岁。

丁文江

1927 年年初，丁文江辞去淞沪商埠督办公署总办之职，来到大连，住进大和旅馆，做短期休养。

有一天，他忽然接到杨金寄来的 5000 元。原来杨金自小父母双亡，曾讨过饭，幸由美国教士收养，带到美国，学会矿业钻探技术。回国后一时生活无着，遂向丁文江求助，丁文江把他介绍到矿山工作。几年后，他发了财，来到北京，送给丁文江 2000 元，丁文江不收，而他坚决要给，丁文江只好收下一半，作为地质调查所修建图书馆的捐款。后来，杨金转行在徐州开办面粉厂，赚了一些钱。他知道丁文江在大连遇到困难，便寄来汇票和信。信上说："公于我，不啻生死人而肉白骨。今我已富，闻公弃官后多债。我不报公，无以为人。公若见却，是以我为不义矣。"他看完信，为杨金的真诚所感动。

丁文江在大连期间，对他最珍爱的《徐霞客游记》，结合过去实地考察的记录，进行精心的研究和整理。他在云南、贵州、四川考察期间，这部书作为重要参考，一直带在身边。必要时还要展开查对原文，并做记录或更正文字。他对徐霞客，这位明末的著名地理学家更是推崇备至。在材料极端缺乏的情况下，编写了长达 5 万字的《徐霞客年谱》并绘制了《徐霞客游记地图》，这是他的研究新成果，对学术界必定是一个贡献。经过他修订的《徐霞客游记》和附在书后的年谱、地图，作为"国学基本丛书"之一，1928 年由上海商务印书馆出版。

"满蒙文化协会"

1920 年 7 月，"满蒙文化协会"在大连成立。它的使命是"代关东厅和满铁会社宣传、开发满蒙文化”，活动范围是整个东北亚地区，举办各种社会活动，大肆宣扬殖民文化和奴化政策，是日本帝国主义统治大连和侵略东北的重要文化组织机构。

该协会1926年更名为“中日文化协会”，1932年又改称为“满洲文化协会”，在东北和日本设有分部。协会的总裁不是满铁总裁就是伪满的首脑。协会的主要任务是调查研究，介绍宣传满日亲善，编辑出版发行等工作。为了完成上述各项任务，协会成立了调查部、编辑部、介绍部、计理部、庶务部5个执行业务部门。每个部门都有具体的分工，如调查部的工作规定，对满蒙和苏联东部的一般事业、企业和生产情况进行调查，搜集出版该地区的有关书籍和资料。由此可见，该协会与日本推行的侵略扩张政策是密切相连的。

该协会还举办各种文化活动，如满洲事情研究会、中国戏曲研究会、中国社会现象研究会、中国风俗研究会、满蒙实况摄影、满蒙文化资料展览会、中国妇女文化展览会、中国烹调讲习会、书画展览会、玩具展览会、关东州史谈会、西岗子社会现象研究会、大博览会、暑期大学等，它所涉及的领域十分广泛，上自国家政治，下至社会风情，通过研究、宣传做到全面了解情况，为制定殖民政策提供依据，并从中进行“日满亲善”“共存共荣”的奴化政策宣传，以达到泯灭中国人的民族意识和反日精神的目的。

在25年间，该协会共出版发行了10种定期刊物，编辑出版图书近万种，对满蒙地区的政治、经济、社会、历史、文化、地理、人物、风俗等各方面都进行过全方位的调查研究，并形成文字材料，为其侵略战争和政策服务，所以说满蒙文化协会不是一般的文化团体，它是具有特定作用的官办宣传机构。该协会随着日本战败而解体。

大连中央放送局

1925年7月，大连中央放送局成立，是东北地区最早的广播电台。日本关东递信局在大连西郊无线电信局沙河口受信所设立发射装置，在中央电话局内设立广播室开始试播。呼号为“JQAK”，呼出名称为“大连中央放送局”。输出功率为1000瓦特，周率为6454千周。“第一放送”听众是日本人，“第二放送”听众是中国人，“短波海外放送”是对欧美听众的。用日语、汉语、英语、俄语、朝鲜语、蒙古语等多种语种广播。内容有新闻、讲演、音乐、气象、行情和中国京戏与音乐。在新闻报道中，大肆鼓吹“王道乐土”“五族协和”“日满一德一心”“大东亚圣战”等法西斯军国主义思想。太平洋战争爆发后，加大了侵略战争的宣传力度，新闻节目由原来的7次增加到10次。当时中国人由于经济原因，收听广播的极少，收听工具是简陋的交流式普及型及标准型收音机，中国人叫它“拉交”。1933年9月，大连中央放送局由满洲电信电话株式会社接管。

大连中央放送局完全是一个进行殖民国策宣传和侵略战争宣传的舆论工具。1945年8月15日日本投降后停播。同年12月19日中日双方正式交接，广播电台回到中国人民手中。

罗振玉及其后代

罗振玉（1866—1940），中国近代甲骨学家、金石专家，字叔蕴，一字叔言，号雪堂。浙江上虞人，生于江苏淮安。

清末与人合办农学会，编译出版《农学报》，设立乐东文学社，介绍日本和欧美农学著作。曾任学部参事并兼任京师大学堂农科监督。辛亥革命后，侨居日本，后回国参与清室复辟活动，任伪满监察院院长等职。

罗振玉在考古方面的贡献有三：

关于甲骨文 罗振玉从1906年着手搜集甲骨近两万片，考定出甲骨出土在安阳小屯殷墟，判明甲骨是“殷商王朝的遗物”。其著作有《殷商贞卜文字考》（1910年）、《殷虚书契前编》（1912年）、《殷虚书契精华》（1914年）、《殷虚书契后编》（1916年）、《殷虚书契考释》增订本（1927年）、《殷虚书契续编》（1933年）。

关于金石铭刻和古器物 罗振玉以金石铭刻为主的著作有《秦金石刻辞》（1914年），《殷文存》（1917年），《贞松堂集古遗文》16卷，《贞松堂集古遗文补遗》及《贞松堂集古遗文续编》各3卷（1934年），《三代吉金文存》20卷（1937年），《殷虚古器物图录》（1916年），《梦郼草堂吉金图》（1917年），《贞松堂吉金图》（1935年），另有《昭陵碑录》《唐三家碑录》《西陲石刻录》《汉熹平石经残字集录》《六朝墓志精华》《海外贞珉录》《三韩冢墓遗文》，对古器物、古明器、古镜、瓦当、玺印、封泥、符牌、钞币、刑徒墓砖等物皆编印成卷。

关于汉晋简牍和敦煌遗书 罗振玉根据汉晋简牍资料著成《流沙坠简》（1914年），又据敦煌石室遗书的照片，整理出版《鸣沙石室佚书》（1917年）收书18种，《鸣沙石室佚书续编》（1917年）收书4种，《鸣沙石室古籍丛残》（1917年）收书30种。

1929年秋，罗振玉移居旅顺太阳沟，新建居室和大云书库（因藏有《大云无想经》最为珍贵，故名），又将天津藏书移来，共30万卷，为东北藏书家之首。此时他整理编著的书有《辽居杂著》、《丁戊稿》1卷、《辽居稿》1卷、《辽居乙稿》1卷、《集蓼编》、《贞松堂集古遗文补遗》3卷、《古器物识小录》1卷、《辽海吟》1卷、《辽居杂著丙编》、《贞松堂吉金图》3卷、《辽海续吟》、《贞松堂西陲秘籍丛残》3卷等；另将清廷内阁大库档案编印成21巨册，含《大库史料目录》14卷6册、《史料丛编》6卷6册、《史料丛编二集》6卷6册、《国朝史料零拾》2卷2册、《明季史料零拾》1册。

1940年5月14日罗振玉病逝于旅顺，终年74岁。赠谥“恭敏”。

1945年大连解放时，罗振玉居所一度为苏军征用，藏书遭毁，损失惨重，余书被捐给大连图书馆。

罗振玉全家福

馆主的文章《欧阳予倩之〈人面桃花〉》，向读者介绍该剧的内容和历史意义。在演出期间，大连票友王牧牛在《泰东日报》发表《欧阳予倩评》一文，指出："像欧阳予倩这样优秀学子兼伶界杰才所演的一些戏，词句应力求浅近，通俗易懂，使多数看客观之受益，不应只满足少数戏迷口味。陈词腐调的折头戏，过渡本戏，宜取消为佳。"欧阳予倩看了之后，很是高兴，会同友人一起到王牧牛家登门拜谢，随即在泰华楼宴请王牧牛，以答谢他的进言。

欧阳予倩在上演的第 19 天，上座正盛时，突然向前台主席提出他的好友冯子和代他演出三天。原来冯子和在营口演出，卖座不佳，便来到大连投奔欧阳予倩。欧阳予倩得知他在营口欠了一些债，吃宿都成问题，便把演出的好机会让给他，三天演完之后，又要冯子和续演数天。

3 月 4 日，欧阳予倩离开大连乘火车前往沈阳，为张作霖五十大寿演出。

关于欧阳予倩的文章，当时大连的报刊曾经刊载过。1925 年 12 月，欧阳予倩的《关于京剧二黄》一文刊登在大连《满蒙》杂志第 68、70 期上。1929 年 8 月，欧阳予倩的《中国音乐与日本音乐的关系》一文刊登在《满蒙》杂志第 112 期上。1931 年 12 月 15 日，大连《泰东日报》发表《欧阳予倩翻旧剧成案》一文，专门介绍欧阳予倩关于京剧改革方面的一些情况。

白玉霜唱红大连

1920 年，评剧演员白玉霜（1907—1942）跟随班主孙凤鸣来到大连。孙班主在西岗露天市场修建岐山小舞台，作为演出的场地。这时白玉霜、筱桂花、筱菊花、筱翠舫等艺人是岐山戏社的台柱。她们每天中午、晚上各演一场，上午专门学戏练功。岐山戏社是当时大连很有名气的评剧戏班。孙班主很器重白玉霜，把她看成是岐山戏社的大明星。

1924 年，白玉霜父亲病故，为了家计，她离开岐山戏社，回到天津。

1933 年 7 月 24 日，大连举办"满洲大博览会"，白玉霜应邀再次来连，她与筱桂花、筱麻红、王金香、花莲舫、芙蓉花、喜彩春、刘翠霞、刘艳霞等著名评剧演员同台演出，这是轰动大连评剧界的一件盛事，一时传为佳话。

1935 年 7 月，白玉霜应邀赴上海演出，途经大连，在明星戏院（位于不老街，今大连第七塑料厂旧址）演出《天河配》等评剧，这是她最后一次来连演出。

白玉霜的表演细腻真切，尤其精于唱功，艺术上勇于革新，是评剧“白派”艺术的创始人。她根据自己嗓音的条件，创造了一种低迴、婉转的独特唱法，加强了评剧唱腔的抒情性。她在伴奏、化装、表演技艺上有许多创新，对评剧艺术的发展颇有建树。她同喜彩莲、刘翠霞、爱莲君4人，被称为评剧“四大名旦”。

陈德麟与大连话剧

1916年，陈德麟组织成立文明新剧社，开始了大连话剧活动。

陈德麟，字非我，浙江慈溪人。青年时期在南洋群岛经营航务。清末宣统年间，他由上海来大连，任大连太古洋行经理，后兼任大连中国妇孺救济会会长。1920年，他与傅立鱼、杨风岐等人成立大连中华青年会，任董事兼武术部部长。大连中华青年会是日本殖民统治时期的爱国进步团体和社会教育组织。该会的成立及其活动，对于传播新文化、新思想，启发大连人的爱国觉悟，增强民族意识，起到了巨大的作用。

陈德麟热心于公益事业，致力于青年会的各项工作，尤其对新剧造诣颇深。剧社刚成立，他便从上海请来一批新剧活动家，一起排演新剧，曾为天津水灾募款赈灾。新剧就是后来的话剧。文明新剧社的成员大多是各界的文化人。

1918年10月19日至21日，文明新剧社应永善茶园之邀公演义务戏三天。这是“大连从来未有破天荒之新剧”，一时间剧院门口车水马龙，人群涌动。当年《泰东日报》说：“当晚演的开幕剧是《醉鬼捉奸》，观众为之捧腹。台上卧室等一切布景，视之与真家毫无差异。正剧为《青楼侠妓》，共10余幕，布景新鲜别致为本埠人所未见，剧中情节离奇，悲欢离合，有卖艺者表演飞叉，周身旋舞，座客莫不惊奇道绝……”剧情贴近现实生活，通俗易懂，舞台上又有生活中的各种景物，这种演出形式，对于一向观赏传统戏曲的大连观众来说，自然是别开生面，耳目一新。

1919年12月18日至21日，大连中国慈善救济会邀请文明新剧社在永善茶园演出义务戏。陈德麟排戏《湘江泪》《猛回头》《大闹宁国府》《异母兄弟》等。《猛回头》和《异母兄弟》是编剧人陆竞若根据日本人剧本编译的。《大闹宁国府》是欧阳予倩编写的“红楼戏”。文明新剧社这次演出比上一次大有进步。

1922 年 8 月 16 日，大连《关东报》对文明新剧社几年来的演出活动做出这样的评论："大连文明新剧社自开办以来，研精覃思，七载于兹，多次演出义务戏，颇蒙各界赞许。所排家庭社会时事新剧，举凡人间忠奸侠烈、礼义廉耻、喜怒哀乐、悲欢离合、绘景传情，无不毕肖。且特置五彩新色油画，舞台布景呈现出楼台旷野、林壑亭阁、花园马路、洋房、山海水景、火车、轮船、厅堂内室、琴棋书画以及各色电灯，五光十色，异样新奇，亦可谓别开生面……"

1921 年 4 月 24 日，大连中华青年会所属救济部在永善茶园为直鲁豫灾民募捐义演，由陈德麟排演欧阳予倩编写的《哀鸿泪》，该剧描写军阀混战灾民痛苦生活的情景。参加演出的有文明新剧社的演员和文化艺术界的同人。关于该剧的演出，《泰东日报》做过这样的报道："《哀》剧系演灾民惨状，易子而食，折骸为薪，令人不忍心目睹，座客有为之下泪者，有为之泣不可抑者，足见戏剧感化人也深矣！是时座客倾囊相助者指不胜数。"由此可见新剧在群众中所产生的教化作用。

在文明新剧社的推动和影响下，1923 年新剧热心人贺乐天、石单主等人组织新剧研究社，提出挽正风俗、提倡公德、开通民智、普及教育 4 项任务。1925 年，新剧在学生中间也开展起来，沙河口公学堂学生演出《乐天足》，对提倡天足、废除缠足的旧习陋俗颇有影响。

20 世纪 30 年代，陈德麟离开大连，前往上海。

谢世煌与大连影片发行业

谢世煌，浙江宁波人。生于 1900 年。

其父谢枕山，早年留学美国沙士明光科大学，专攻光学。回国后出任上海精华公司营业部兼光学部主任。1920 年，在大连创立老精华眼镜公司，又在奉天、长春等地创立分店，对东北地区眼镜业的创立和发展起到了很大的促进作用。

谢世煌从幼年起，受其父亲的影响，刻苦学习，孜孜不倦。1921 年，毕业于圣芳泽学校，任南昌青年会干事。1923 年，被聘为营口华北眼镜公司经理。1925 年，来大连接任老精华眼镜公司本店经理。由于他通晓日语和英语，又懂得光学理论知识，1926 年被上海美国光学会聘为高级译员。他天资聪颖，思想敏锐，擅长光学，出类拔萃，在社会上有一定的声望。

其时，中国电影业刚刚起步，他对此尤有兴趣和热心，决心以提倡国产电影来抗衡进口影片，并以此辅助社会教育为己任，积极筹划和组织资金，同上海影片公司联系发行业务。1927 年 4 月，他在大连西岗露天市场创立上海大戏院，从事电影放映工作。由于电影是新兴艺术门类，又加他经营有方，很受市民欢迎，尤其在青年学生中影响更大。1928 年，他为了进一步发展影片放映业务，亲赴日本考察电影摄制工作和影片发行情况。回国后，他在大连、奉天创立新生活影片公司，代理上海影片公司的出租和推销业务，兼售电影放映机零件和上海电影《银幕》报。他直接经营的影院有大连和长春的上海大戏院、奉天和哈尔滨的东北大戏院等 7 家大戏院。

彼时谢世煌正值年轻体壮，思想开阔，对工作不辞辛苦，兢兢业业，在创建和发展东北地区影片发行事业中做出了许多开拓性的有益工作。

足球运动史话

1964 年，国家体委首次确定大连为全国发展足球运动的 10 个重点地区之一；1979 年，国家体委再次确定大连为全国 16 个足球重点地区之一；1992 年，大连又被确定为全国的足球特区。大连获得“足球城”的殊荣是有其历史根源的。

早在 20 世纪初，由于港口开放，西方商船来连日趋增多，船员为了消除海上生活的单调，经常进行一些足球比赛。在他们的影响下，大连青年逐渐对足球运动产生了兴趣。至 1920 年，踢足球的人们常在敷岛广场（今民主广场）西南处“小树林球场”进行比赛，有时外国船员也来参加。当时大连许多空地都成了足球场，如老虎花园（今劳动公园）、市二中门前广场（今人民广场）、露天市场南面场地（今市法院）等。

1921 年 3 月 10 日，大连中华青年会足球队（简称中青队）成立，这是大连市第一个有组织的正规足球队。球队由 37 人组成，其中约有半数队员是公学堂的学生。1923 年 12 月 4 日，“全满足球大比赛”在大连举行，这是大连历史上最早的一次足球赛。中青队是中国人参赛的唯一球队，结果踢输了，于是激发了中国人在日后比赛中奋力拼搏的精神。该队认真总结经验，加强训练。1925 年 5 月 23 日，中青队与旅顺工业大学队比赛，仅输一球。后来中青队连续战胜英国太古轮船公司队、日本基督教青年会足球队、大连一中日本学生队，因此球员精神振奋，信心倍增。

1925 年隆华足球队成立，该队以正隆银行职员为主，队名有兴隆中华之意。该队经常与中青队比赛，1926 年在大连中华运动会上，隆华队竟以 2 ：0 战胜中青队，获得“冯庸杯”，名震大连。

1927 年日本国家代表队（早稻田大学队）来大连比赛。中青队和隆华队联队应战，这是大连足球队同外国足球队最早的一场比赛，结果以 0 ：6 和 0 ：4 连败两场，其教训是队员临时拼凑效果不佳。1929 年日本足球冠军拓殖大学队来连比赛，以 6 ：0 胜大连工华队，以 4 ：0 胜中青队，隆华队努力拼搏，竟以 7 ：0 大胜，极大地鼓舞了中国人的志气。

1932 年，日本殖民当局为统管中国足球队，成立了大连市足球联盟。大连足球运动进入了有组织的阶段。

1936 年至 1937 年，隆华队连续两年获“满铁总裁杯”，此前曾多次获得大连市足球联盟举办的联赛冠军，成为大连最强的队。1938 年，该队抽出主力队员 9 人加入伪满国家队，从此不振。

1938 年，以工人为主的工华队崛起，该队成立于 20 世纪 20 年代末，经过刻苦训练，在 1938 年至 1942 年参加联赛荣获五次冠军，进入大连四强。

1927 年在大连举办的东北地区首次国际足球比赛，中青队与隆华队联合组成大连中华队，与日本国家代表队（早稻田大学队）对垒

在学生足球队中，旅顺高等公学校（简称旅顺高公）队最强，20 世纪 20 年代每年一度的中学生足球联赛的冠军非它莫属。在全满中学生足球联赛中，旅顺高公队曾连夺五次冠军。30 年代后期，大连商业学堂足球队崛起，1938 年战胜旅顺高公队，至此结束了旅顺高公队的霸主地位。1941 年，后起之秀大连协实队在中学联赛中以 2 ： 0 战胜四连冠的大连商业学堂队，又以 1 ： 0 战胜日本人的大连商校队，荣获大连市中学足球冠军。

1943 年以后，由于日本侵略战争的加剧，经济衰退，人民生活困难，三四十个足球队先后解散。

中华人民共和国成立后，大连市足球运动获得飞速发展，处在全国足球运动的领先地位，有球队 2000 余个，为全国输送了 1500 余名球员，历届国家队和其他足球队都有大连籍的球员；1985 年，大连足球队进入全国甲级队行列。大连女足也闻名全国。

赵恂九的小说创作

20 世纪 30 年代，大连有一位著名的小说家赵恂九（1905—1968），他是金州三十里堡人，出生于普通农家。1929 年毕业于旅顺第二中学，后进入大连泰东日报社当编辑，一直任职到 1945 年大连解放。此间，他除了做采访编务工作外，先后在该报的文艺副刊上发表了 23 部中、长篇小说，如《荒郊泪》《声声慢》《故乡之春》《海滨》《芳亭》《如此年华》《梦逝》《情系云山》《雨过天晴》等，还写过专门探讨小说创作的理论专著《小说作法研究》。在当时，赵恂九是一位闻名遐迩的小说家，他的作品在青年学生中间影响很大，颇受欢迎，也可以说那个时期的大连青年学生没有不读他的小说的。他的小说主要是描写男女青年的爱情故事，大多以哀怨凄凉的悲剧为结局。

发表于 20 世纪 30 年代末的长篇小说《荒郊泪》是他的代表作，作者的文笔生动，语言流畅，故事委曲婉转，情节跌宕起伏，风格哀婉酸苦，悲惨凄恻，正是具有这样的特点，所以这部小说博得青年读者的青睐。在当时日本帝国主义统治下的大连，能有这样暴露封建家庭专制和封建伦理道德对青年的摧残的小说，还是寥若晨星，难能可贵的。

庄河诗魂李满红

1942 年 6 月 12 日，在去陕西汉中路上的一座小村子里，一位年仅 25 岁的不屈生命被疟疾吞噬。他就是东北作家群中最年轻的一位——庄河人李满红。他还没有走完自己的路，唱完自己的歌，就在热盼故乡光复的渴望中离开了人世。

李满红（1917—1942），原名陈庆福，又名墨痕，1917 年生于庄河东部大洋河畔的一个农家。“九一八”事变后，他参加了抗日斗争，由于敌人的残酷迫害，他流亡到关内，在北平中山中学读书时参加了“一二·九”运动。1937 年，全面抗战爆发后，李满红随校南迁到湖南。1939 年春，他来到战时文化人会集的重庆，结识了靳以、萧红、端木蕻良和一些年轻诗友，这对他后来成为诗人起了重要作用。这一年的冬天，他考进了西北联合大学外文系俄文组。大西北苍茫的自然风光、广袤的原野、空旷的蓝天、粗犷憨厚的农民和战时生活激发了他的创作热情，这一切都是他诗歌创作的源泉。这个时期，他一边学习，一边争分夺秒，夜以继日地全心创作，在别人都休息的时候，只有他一个人在油灯下写诗不止。他决心要以诗歌打击日本强盗。他为了更好地掌握诗歌创作的规律和方法，潜心学习俄国诗人的作品和中国古典诗词。他对抗战诗人艾青更是推崇备至，诗人的名篇《北方》《向太阳》《大堰河》都能背诵如流。生前的最后 3 年是他创作的高潮。他的诗作大多发表在大后方的报刊上，为进步文艺界所瞩目，并且形成了一定的影响。

恶劣的环境，生活的磨难，使李满红不幸英年早逝。当时关于他的死讯是这样报道的：

> 李满红于六月十二日夜一时，病死在西北高原一个荒凉的小村庄陌生的人家里，临死时，他没有见到一个亲人！死后眼睛还大睁着……

大后方的友人为悼念这位早逝的诗人，举行追悼会，出版悼念专刊，靳以发表了《忆萧红与满红》来纪念“二红”，姚奔为他出版了诗集《红灯》，在烽火连天的抗战年代里，为诗人留下了一点人生痕迹，不致风流云散，湮没无闻。同学们把他安葬在校园里，在他的墓前立有一块青石碑，上书“陈君墨痕之墓，君生前擅诗艺，笔名李满红”。

年轻的诗人重感情，为人诚恳、坦率、豪放，却又固执、鲁莽，对于诗歌有着执着的爱，他把诗歌看成是自己的生命。诗是美丽的花朵，又是战斗的武器。诗人的诗带有哲理的内涵和普遍的思想意义，充满对光明的信念和对理想的追求。如小诗《信念》：

没有一个少女那么愚傻，
把蒙着灰尘的镜子摔碎了的。
光明的本质仍然存在，
太阳也有被云雾遮蔽的时候。

诗人经历了“九一八”东北沦亡的烽烟，亲临了“一二·九”运动救国反帝的洪流，目睹了长沙大火，遭受了重庆的大轰炸，饱尝了流亡生涯的苦难，这一切都是他创作的基点。诗人在大西北的3年，是他创作的重要时期，也是他最成功的时期。大西北扩大了他的视野，给了他诗歌的灵感，又磨炼了他的坚强性格，使他的诗作走向成熟。诗人的语言纯朴流畅、热情奔放，更富于鼓动力和号召力，给人以鼓舞和力量。他的代表作千行长诗《向敬爱的祖国》，表达了诗人爱其所爱，恨其所恨。他的诗不拘形式，流利顺口，特别易于口语朗诵。

……
但在那九月的黑夜，
敬爱的祖国就蒙受了耻辱！
而我这大地和海的娇生惯养的孩子，
也从祖国的怀抱里跌落了。
于是我结识了那些好汉，
那些瞪着充血的眼睛，
喜欢用鬼子的心肝下酒的好汉，
一个月夜我跑到我家的祖坟地，
掘出自己的枪，
……
在一个没有星光的黑夜，
我却怀着悲哀的心情，
悄然走进海边的家，
灯光下告别了病着的妈妈。

而在夜半的海上，
洗净了身上的火药味和两年的血腥气。
我改装化相，
凭着运气溜进了那座生死交界的山海关。
乘着黎明的火车，
扑向祖国！

农业进步社

1933年4月，金州农业学堂毕业生耿立德、郑绍武与熊岳农校毕业的苍德玉，在旅顺创办了一个杂志社，取名为农业进步社。因创办人都是基督教徒，他们便动员旅顺部分基督教徒以股份形式投资这家杂志社，该社出版的月刊《农业进步》发行量高达4万册，畅销于东北各地，并在大连、奉天、长春、哈尔滨、齐齐哈尔设立分社，负责当地的业务联系。

《农业进步》月刊由苍德玉任主编，耿立德任发行人，在旅顺自家印刷厂印刷。该刊专门刊登农业基础理论和农业生产经验，以及蔬菜、水果、花卉、林木、水产、家畜、家禽等方面的管理经验的文章，并翻译、介绍日本或其他国家的农牧业技术资料，同时还出版日本人编写的农业方面的书籍，很受欢迎。农业进步社发展到后期还生产各种农药及猪瘟散、鸡瘟散等药品，经销果苗、树苗、菜种、粮种、菌种、蜜蜂和农业书籍等。

《农业进步》是大连地区唯一的中文农业杂志，封面绘一荷锄农民手举书本做科学种田的号召，如同宣传画。该杂志出版长达12个年头，是当时中文杂志发行时间最长者。后来由于日本发动了侵略战争，经济萧条，该刊无法维持正常的营业，于1945年6月停刊。

在日本殖民统治时期，《农业进步》杂志向国人介绍、传播先进的农业生产技术和经营管理方法是十分可贵的，甚至到中华人民共和国成立后，在一个较长的时间里，该刊还一直受到农业技术单位和人员的重视，可见其影响之深远。

《渔光曲》与大连的渊源

安娥（1905—1976），原名张式沅，曾用名何平、张菊生、张瑛，河北石家庄人。1923 年考入北京美术专门学校。1925 年参加中国共产党。1933 年至 1937 年参加上海左联，任百代唱片公司歌曲部主任。抗战期间，任中华全国文艺界抗敌协会理事，创作歌曲《打回老家去》《我们不怕流血》《战士哀歌》《山茶花》《六十军军歌》《战时儿童保育院院歌》《受难的孩子们》等。

中华人民共和国成立后，安娥在北京人民艺术剧院、中央实验歌剧院从事剧本创作。1956 年 12 月，因脑卒中失去工作能力。1976 年 8 月 18 日病逝，终年 71 岁。

安娥一生著作甚多，体裁广泛，留世作品约 200 万字。歌词有《安娥作词歌曲集》；诗集有《燕赵儿女》《寄给星海》《台儿庄》《潮》《飞将军凯歌》《古城的怒吼》《孩子们的队伍》；诗剧有《高粱红了》；歌剧有《洪波曲》《战地之春》《孟姜女》《武训传》《崔斗焕与金玉姬》《青年近卫军》；戏曲剧本有《新纺棉花》《黄泥岗》《寇准探府》《杨八姐盗刀》《白蛇传》《金鳞记》《追鱼》《情探》；话剧有《小寨主》《警报》《马特迦》《台风》《给我一点自由》；儿童剧有《假外婆》《海石花》；小说有《莫斯科》《石家庄》《盛四儿》《苏联大嫂》；报告文学有《五月榴花照眼明》《歌乐山上的保育院》《逃难杂记》《征途杂感》《从朝鲜归来》；散文有《遥寄陶行知》《我想白薇》；电影有《正义战争》；译文有《在某一个国家内》《特别任务》。总文集为《安娥文集》3 卷。

20 世纪 30 年代的安娥

1926 年，大连“福纺”纱厂爆发了“四二七”大罢工，日本殖民当局采取了高压政策，逮捕了罢工领导人和工人。中共北方区委为了加强对罢工斗争的领导，派遣邓鹤皋、安娥前来大连。他们二人由当时的大连共青团书记尹才一从北京接来，住在黑石礁附近一家姓王的渔民家里。

安娥在大连地委的领导下，始终同参加罢工斗争的工人在一起，她专门从事革命宣传及女工组织工作，教女工们识字，教唱《工人团结歌》。为适合工人演唱，她把歌词做了修改：

我们工人创造人类食住衣，
不做工的资产阶级反把我们欺，
起来起来齐心协力巩固我团体，
努力奋斗最后胜利定是我们的。

《工人团结歌》在群众中广泛流传，鼓舞了罢工工人的斗志，而这场著名的百日大罢工也取得了全面的胜利。

安娥住在渔民家里，经常往来于海边，目睹了渔民捕鱼的场景，同时也更加了解了他们穷苦的生活和艰苦的劳作，从而对渔民产生了深切的同情。这段不平凡的经历深深地印刻在她的脑海里，为日后创作《渔光曲》奠定了基础。

1934 年，蔡楚生在上海联华影业公司编导故事片《渔光曲》，该片描写了一个渔民家庭的辛酸故事。1935 年 2 月，《渔光曲》获得莫斯科国际电影展荣誉奖，成为我国第一部获国际奖项的影片。影片主题歌《渔光曲》由作曲家任光作曲，女作家安娥作词，王人美演唱。

这首与影片同名的主题歌贯穿全片，渔家孪生姐弟的弟弟徐小猴因劳动受伤，在生命垂危之际，要求姐姐徐小猫给他唱《渔光曲》，姐姐于是伤感地唱起：

云儿飘在海空，
鱼儿藏在水中。
早晨太阳里晒渔网，
迎面吹过来大海风。
潮水升，浪花涌，
渔船儿飘飘各西东。
轻撒网，紧拉绳，
烟雾里辛苦等鱼踪。

鱼儿难捕船租重，
捕鱼人儿世世穷。
爷爷留下的破渔网，
小心再靠它过一冬。

旋律动人、歌词凄婉的《渔光曲》，从此成了20世纪30年代家喻户晓、传唱久远的流行歌曲。

1934年6月24日，大连的中国电影院开始上演电影《渔光曲》，该片博得了观众的欢迎和好评。《泰东日报》发表评论，题为《一阕〈渔光曲〉唱出了一幅流离惨变的生活》。

“评剧大王”筱麻红

20世纪30年代，大连评剧界有一位著名演员筱麻红（1910—1943）。她的本名叫张佩云，是个苦命的孩子，10岁时被养父抵债给岐山戏社班主孙凤鸣。因为她长相丑陋，满脸麻子，不被重视，只能扮个“三花脸”什么的。但是她有一颗奋进向上的心，要争取登台唱主角。在进班学艺的7年中，她以顽强的意志和毅力，坚持勤学苦练，用心看戏学艺，对每出戏都能全部掌握，甚至连拉弦、打鼓全在行。

1927年正月，孙班主为了提高经济收入，决定用自己的演员为主角。用谁呢？张佩云？她嗓音好，教过戏，做功好，但是扮相太丑，担心观众不接受。思来想去，最后还是决定让她试演《花为媒》。一阵锣鼓过后，筱麻红登场了，观众发现台上的张五可是个麻脸、高腮、小眼的丑姑娘，顿时七嘴八舌，品头论足，吵嚷起来了。孙班主急得满头是汗，生怕观众退票，砸了饭碗。但是筱麻红在台上沉着冷静，一丝不苟地演下去，因为她有麻子，在唱词中，把原来的“雪白的小脸蛋儿耳如元宝”，临时改唱“雪白的脸蛋浅白麻子”。台下立刻平静下来，观众目瞪口张，全被镇住了，都被她那声情并茂的演唱所倾倒，被她娇姿百态的身段所吸引。待到演出结束，观众的喝彩声、鼓掌声接连不断，整个岐山小板楼里沸腾起来了。她的首演一炮打响，完全成功，她激动得眼含热泪，在观众的欢呼声中一次又一次地谢幕。孙班主高兴极了，对她说：“中！你在大连算是红得山崩地裂哩！咱麻红不鸣则已，一鸣就惊人！”第二天，孙班主就给她起了个艺名——筱麻红，而她的大名张佩云渐渐不被人知。

从此，筱麻红成了岐山戏社的大梁、孙班主的摇钱树。她像一只金凤凰飞翔在评剧的舞台上，唱红了东北三省和华北大地，还被誉为“评戏大王”。她在不断的演出实践中，结合自己的条件，又兼收各家所长，形成了自己的演唱风格，她有 20 多个自己的代表剧目，如《移花接木》《珍珠衫》《黄氏女游阴》等。这期间是岐山戏社最火红的时期，也是筱麻红最辉煌的阶段。

孙班主素来对徒弟管教严苛，尤其对筱麻红不给半点自由。这时她与同班的青年演员张奎生情投意合，互相爱慕。在青岛演出时，为寻求自由，筱麻红竟然私逃“济良所”。被带回后受到严加看管，孙班主又把张奎生赶走，一对情侣被拆散，她更加嫉恨孙班主。在一次欢迎演出的宴会上，筱麻红厌恶孙班主对她的恭维，发生争执，她一怒之下推翻了三张酒桌。后来，她脱身岐山戏社。这是 1934 年春的事情。

婚后的筱麻红领着一班人在东北各地演出，她的品德如同她的艺技一样，到处受人称赞，传为美谈。她为人善良，谦逊谨慎，培养青年演员，大家都夸奖她是“丑的容貌，美的心灵”。她的丈夫张某终日吃喝玩乐，任意挥霍，喜新厌旧，骗走了大量财物，筱麻红身心受到严重摧残。

由于长年的劳累和心神遭受的挫折，她疾病日益加重，经常大口吐血，但仍然坚持演戏，甚至以吸鸦片来支撑病体把戏演完。她自知来日不长，在新民县一个小镇里，连演 20 场自己的拿手好戏，当她的代表剧目《黄氏女游阴》落下帷幕时，她倒在舞台上，再也没有起来。1943 年 5 月，年仅 33 岁的一代评戏名伶筱麻红，在贫病交加的绝境中匆匆走完了一生。

中国人的小学教育

1905 年，日本侵占大连之后，对中国人实施归附其统治的殖民奴化教育。关东都督府都督大岛义昌指令：“公学堂的教育除遵从法令所示授以普通知识外，特别注重日本语的教授，以开导一般土人（指中国人），使之浴被我国德泽，依赖我国施政。”

当时，中国人的小学教育形式是公学堂和普通学堂。公学堂设在城镇，学制 6 年（包括初小 4 年和高小 2 年）；普通学堂设在农村，学制为初小 4 年。普通学堂毕业后可以考入公学堂继续学习，以完成高小阶段的学业。

大连地区普通学堂最早成立于1910年，至1945年，全区共有126所，其分布在旅顺27所、大连7所、金州28所、普兰店38所、貔子窝26所，在校学生总数5万余人，老师千余人。

普通学堂课程内容是修身、满洲语、日本语、算术、唱歌、图画、体操。每周授课27节。

普通学堂的堂长和老师都是中国人，他们大都是旅顺师范学堂的毕业生。

大连地区公学堂最著名的是1906年由南金书院民立小学堂改成的关东州公学堂南金书院，在此前后陆续成立的有大连公学堂（1905年）、旅顺公学堂（1905年）、貔子窝公学堂（1907年）、普兰店公学堂（1909年）。至1945年，大连地区公学堂共计21所，分布在旅顺5所、大连10所、金州2所、普兰店3所、貔子窝1所。在校学生约2.6万人。

公学堂的课程有修身、汉语、日本语、算术、历史、地理、自然常识、图画、唱歌、体操、实业。每周授课32节。

公学堂的堂长和老师是日本人，只有少数教汉语的是中国教师。

另外各地还有私塾馆，至1945年，大连地区有私塾馆202所，学生万余人，塾师200余人。他们讲授中国传统文化，如《三字经》《百家姓》《千字文》

南金书院民立小学堂

及四书五经等，学习年限不定。

据1936年统计，大连中国学龄儿童就学率只有51.31%，而同期大连日本学龄儿童就学率高达99.88%，由此可见日本殖民当局根本就无视中国儿童接受教育的权利。

罗丹创办《人民呼声》

罗丹（1911—1995），原名罗士桓，又名王清平、罗思真。广东兴宁人。中共党员。1936年秋参加世界语学会、新文学会、文艺谈论会等党领导的进步组织，并编辑革命刊物《海岸线》《新世界》等。抗战后，任汕头青年教育同志会理事、潮汕战时文化协会理事长，出版《战时文化》。1938年去延安，在文艺界抗敌协会工作，从事文学创作。

抗战胜利后，他于1945年11月20日来到大连，在大连市委领导下，创办《人民呼声》报，任社长兼总编辑。在《艰苦创业》一文中，他叙述了当年艰苦创业的情景：

> 初创时间只有十几个人，直至搬到世纪街改为大报之初，编辑加记者加两个校对，也只有20人左右。报纸按时出版了。当时大连很困难。报社无食堂，只发津贴，没有工资，大家囊空如洗，吃窝窝头、高粱米饭，尤其是记者外出采访，饥一顿饱一顿。但大家从不计较报酬，从不叫苦，不求闻达，无名利之心。大家日日夜夜，一天工作十来个小时，全心全意为革命的新闻事业艰苦奋斗。兼之当时党不公开，大连复杂混乱，国民党活动猖狂，闹事，敌特出没，皆知《人民呼声》报是共产党办的，同志们上了黑名单。我还收到过对报社的恐吓信。然而，敢在《人民呼声》报工作的人，是有勇气、有理想、有信仰的青年。他们埋头苦干，无所畏惧，无视个人安危，朝气勃勃，泰然自若。总之，他们之忠诚奋发，堪为青年之楷模，难能可贵……

1946年6月，罗丹离开大连，后任沈阳作协专业作家，著作颇丰，有短篇小说集《小号手》《薛秀明》《飞狐口》等，长篇小说《战斗风云录》《风雨的黎明》《严峻的岁月》，还有小说三部曲《钢铁的河流》和剧本《秘密的斗争》等。他遵循现实主义的创作原则，深刻反映了革命斗争和建设的生

人民呼聲

蘇聯十月革命節廿八週年 市民舉開隆重紀念大會

市民眾歡呼聲中 大連市政府成立紀念大會 八日於市府前舉行盛大紀念

誓詞

大連蘇軍司令官舉行慶祝招待宴

紀念十月革命節向蘇聯偉大領袖史丹林大元帥

1945年11月13日，《人民呼声》刊登苏军驻大连警备区司令颁布的市长任职命令

活。他的小说《风雨的黎明》，茅盾赞扬为“真实感人，气宇轩昂”，这部小说是以1946年至1952年鞍钢从破坏到恢复生产为背景的工业题材小说，描写了鞍钢工人在党的领导下敢于同敌人斗争，勇于参加建设的英雄业绩。该书多次印行，在社会上产生了广泛的影响。

丁玲过大连

丁玲（1904—1986），著名女作家。原名蒋伟，字冰之。湖南临澧人。1927年开始文学创作，《梦珂》《莎菲女士的日记》是她早期的代表作。1930年发表长篇小说《韦护》，中篇小说《水》《一九三〇年春上海》等。1932年加入中国共产党和左联。1933年5月被捕。1936年11月获释去延安，主持陕甘宁边区的文艺活动。此间发表小说《一颗未出膛的枪弹》《我在霞村的时候》和杂文《三八节有感》等。1948年发表长篇小说《太阳照在桑干河上》，获斯大林文学奖。

1948年6月，丁玲作为解放区妇女代表团的成员，前往匈牙利出席国际民主妇女第二次代表大会。她从河北西柏坡出发，经过山东青州，渡海北上，途径大连。在穿越国民党海上封锁线时，突然遇上国民党的巡逻艇，探照灯在海面上来回搜索。在华东局派来的护送人员的巧妙周旋下，丁玲一行终于化险为夷，于次日早晨到达大连。她在大连稍事休息，又继续北上，在哈尔滨与蔡畅会合后出国。

1955 年，丁玲被错划成反党集团成员、右派。1978 年，丁玲的冤案得到平反，恢复党籍，增补为政协第五届全国委员、全国文联委员、中国作协副主席。

中华人民共和国成立后，丁玲曾多次来过大连。1984 年夏，她应市文联之请来连，在“文学讲座”活动中做《文学创作及其他》的报告，当时人民文化俱乐部座无虚席，受到与会者的热烈欢迎。

20 世纪 30 年代，大连《泰东日报》曾先后发表过评介丁玲的文章，如《丁玲被捕后的一点感想》《中国复活了一位女作家丁玲》《中国女作家丁玲近况》等。

丁玲是位勤奋的作家，一生创作了约 300 万字的作品，著有《丁玲文集》，在中国现代文学史上颇有成就和影响。

特殊解放区时期的报刊

从 1945 年 8 月 22 日大连解放至 1949 年 10 月中华人民共和国成立前这段时期，大连地区属于在苏军军事管制下中国共产党领导的特殊解放区。此间先后出版各种报刊 10 余种，主要的有以下几种：

《人民呼声》 是中共大连市委的机关报，创刊于 1945 年 11 月 1 日，初为 3 日刊，为便于工作，大连职工总会为发行人。1946 年元旦改出周六刊，最高发行数达 10000 份，社长为作家罗丹。同年 6 月 1 日，《人民呼声》改名为《大连日报》。1949 年 4 月 1 日与《关东日报》合并，改名为《旅大人民日报》。1956 年元旦改名为《旅大日报》。1981 年 3 月 1 日改名为《大连日报》。《大连日报》自创刊以来，始终在党的领导下，坚持报纸是党和人民的喉舌，坚持为社会主义和为人民服务的方向，坚持解放思想、实事求是的思想路线，坚持正面宣传为主的方针，坚持群众路线。

《新生时报》 于 1945 年 10 月 30 日创刊，为大连市政府的机关报，

1947 年 5 月 16 日终刊。创刊时为四开二版。社长由教育局局长张致远兼任。该报主要刊登市政府和苏军司令部的命令、决定。，报道工农业生产和文化艺术活动。每期发行 50000 份。1947 年 5 月，《新生时报》与旅顺《民众报》合并，改出关东公署的机关报《关东日报》。

《关东日报》 是关东公署的机关报，创刊于 1947 年 5 月 20 日。该报的任务是宣传政府的政策法令，反映政治经济建设情况。关东公署教育厅副厅长江清风兼任社长。该报初期为对开四版日刊，发行最高数为 25000 份。1949 年 3 月 31 日停刊。

《实话报》 是 1946 年 8 月 14 日由苏军驻旅大地区指挥部创办的中文报纸。历时 5 年，于 1951 年 8 月底终刊。该报宗旨是介绍苏联情况和中苏友谊。该报二版，周六刊，最高发行数达 20000 份以上。《实话报》两任社长谢德明中校、格鲁宁中校都会中国话，工作人员是现役苏军军人。

《大连青年》 创刊于 1946 年 11 月的杂志，1947 年 5 月改名为《民主青年》，1954 年 10 月改名为《旅大青年》，1955 年年底停刊。该杂志先后作为大连民主青年联合会、关东民主青年联合会、青年团旅大区委员会的机关刊物。其间多次改为月刊、半月刊、旬刊，开本改为 16 开、32 开、25 开本。发行量最高达到了 2000 册，共出版 262 期，总发行量为 266852 册。杂志主编先后是于明、钱醉竹、隋阜等，其中隋阜年仅 20 岁，由于忘我工作，积劳成疾，以身殉职。杂志初创时期，是以知识青年和学生为对象，向他们进行启蒙的爱国主义教育、阶级教育。中华人民共和国成立后，杂志偏重宣传如何发挥青年在工农业生产建设中的作用，努力学习技术和科学文化知识。

《友谊》 半月刊，是大连中苏友好协会的机关刊物，创刊于 1947 年 7 月。16 开本，每期约 10 万字，共出刊 84 期，发行量最高时达 12000 册，1950 年年末终刊。杂志主编先后有陈陇、于明等。另外还出版一套《友谊》丛书和画报。

《学习生活》 月刊，是 1947 年由大连光华书店李庚编辑出版的文化学术性 16 开本杂志，一年后停刊。

另外，旅顺还有**《民众报》**，金州有**《农民报》**。

斯捷潘诺夫创作《旅顺口》

阿列克山大·尼古拉耶维奇·斯捷潘诺夫生于1892年。他的童年时代是在中国的旅顺口度过的。

斯捷潘诺夫的父亲叫尼古拉·伊凡诺维奇·斯捷潘诺夫，是乌克兰黑海沿岸港口城市敖德萨人，他是俄军中的一员。日俄战争时，他是旅顺炮台的指挥员。那时，12岁的斯捷潘诺夫一直在他父亲的身边，所以说，《旅顺口》的作者是旅顺战役的目击者和参与者。其母利齐娅·尼古拉耶芙娜在敖德萨一所中学教俄语。

沙俄军队在旅顺口被日军打败以后，斯捷潘诺夫和他的父亲作为战俘被送到了日本长崎。后来再从那里与伤员一起搭乘轮船，绕过亚洲去敖德萨，回到了母亲的身边。

在母亲的影响下，斯捷潘诺夫从小就热爱书籍，并学会写日记和回忆录。1913年，他从彼得堡工艺学院毕业，不久便应征入伍。整个第一次世界大战，他都是在前线度过的。

1917年，他被派遣去彼得格勒炮兵学院学习。1918年，他参加了与邓尼金军队的作战。1921年，在参加镇压喀琅施塔得叛乱的攻击战中负伤，于是他去乌克兰的克拉斯诺顿治疗。在那里他担任工程师，在高校里任教。

1932年，他病倒了，卧床不起，这使他有机会以全部的思想和精力着手写关于旅顺口的回忆。他利用在旅顺口战役中所写下的记事，并阅读有关旅顺口和日俄战争的材料，终于写成了历史小说《旅顺口》第一部，并于第二年出版。小说出版后，小说评论家伊格纳切耶夫说："无论在海上，也无论在陆地上，战争场面都是如此辉煌壮观"，"描写生动真实"，"而且还恰到好处地表现了战争的技巧"。

1946年，历史小说《旅顺口》荣获斯大林文学奖。接着，他与剧作家波波夫合作改编成剧本《旅顺口》，在全苏剧院上演。同时又完成了对《旅顺口》电影剧本的改编。小说出版之后，作者收到了来自旅顺口战役参加者们的百封信件，提供了一些战斗事实和插曲，这为作者另一部小说《兹芳纳列夫一家》增加了有益的补充。

然而，这部小说宣扬的是沙俄侵略战争，对中国人的描写多有丑化，宣扬马卡洛夫拥护沙皇反动统治制度及其侵略政策，具有浓厚的大国沙文主义色彩，因而多次受到周恩来等的批评。

詹姆斯·艾伦的《在龙旗下》

富于冒险精神的詹姆斯·艾伦是传奇式的人物。在一次海运中，无意陷身于1894年旅顺大屠杀中，他亲临其境，目睹了日本侵略军惨无人道的大杀戮。事后，他将这段经历写成一部长篇纪实《在龙旗下——甲午战争亲历记》。这是当今世界上唯一的一部淋漓尽致地揭露旅顺屠城惨烈景象的书，是一部珍贵的历史文献，是一本难得的实情录。该书1898年在伦敦由威廉·海曼出版。1973年美国特拉华学术资料公司重印。1985年中国社会科学出版社出版的《近代史资料》总57号收录此书。

全书共7章。作者在第六章中具体描述日军进城第一天夜里屠城的情况。抄录两段如下：

……湖被好多日军团团围住，日军把无数的难民赶到湖中，从四面向他们开枪，并用刺刀把那些力图挣扎逃出湖面的难民赶回湖水中去，湖面上漂浮着死尸，湖水被血染红了。为复仇之欢乐而大叫大笑的日军，似乎对受害者所遭受的痛苦幸灾乐祸呢。眼前那些满身血污的难民，在混水中挣扎的情景真令人可怕，而那些还活着的难民，拼命想从无数尸体绊缠之中逃出来，却很快摔倒了；常常拼着最后一点力气又站了起来，满身淌着血水，发出可怜的叫声和哀求声，而他们周围的杀人魔鬼还学他们的叫声。难民之中有很多妇女。我看到一个抱着孩子的女人，孩子拼命向前扑，妈妈将孩子举向日军，似乎在哀求。她涉水到湖边时，一个鬼子用刺刀把她捅穿，她倒下时，鬼子又刺了一刀，将这约两岁的孩子刺穿了，小小的尸体高高地挂在刺刀上。妈妈爬起来，发狂似的想夺回孩子。很显然，她已精疲力竭快咽气了，又跌倒在湖水中。她的尸体被砍成碎片。新的受害者不断被赶进湖中，直到湖里再也没法容纳更多的人才罢休……

作者一心要回到沈家客店去看个究竟：

终于我回到沈先生的客店，发现刽子手已经光临过了……我

河北滦县一带的驴皮影、西北的牛皮影和福建龙溪（今漳州）、广东潮州的纸影较著名。

辽南地区的皮影戏大约有300年的历史，按方言和民俗的不同，可分为南、北两派，北派是指瓦房店、复州、大石桥、海城一带，南派是指复州以南的普兰店、金州一带。

大连的皮影戏是清嘉庆年间从河北滦州传进来的，距今已有200多年，有浓郁的地方特色，深受农民群众的欢迎。1934年出版的《庄河县志》称："影戏，有所谓驴皮影者，即影戏也。农民凡有吉庆、酬神等事，多聚资演唱。"

早期皮影班演出时都是"流口影"，即没有剧本（影卷），唱词全是师傅口传下来的，因此在演唱上难免随意。后来有了影卷，皮影戏便逐步有了新的发展和提高。影卷都是用毛笔书写的，字迹工整，字体较大，便于在灯下辨认。影词都有故事性，雅俗共赏，老少皆宜。影卷长短不一，长的有20多本，能唱个把月。影戏班子有六七人，每个人至少要掌握一种乐器，边拉边唱，加上提影人的操作，全班人忙碌不暇。在长年的艺术实践中，大连地区形成自己的皮影剧目《五峰山》《锁阳关》《宝龙山》《血水河》《梅花亭》《万花楼》《刘秀走国》《大破天门阵》《香锦帕》《秦英征西》《反西凉》《瓦岗寨》《薛刚反唐》《罗通扫北》等百余部。

皮影戏的演出十分灵活，影布高1米、宽2米，演出时用木框固定好。影人有30厘米上下，脸谱全是侧面的，双手可以前后摆动，影身也可以前后走动，另外还有辅助的桌椅、楼台、战马、兵器等。影身是固定的，影头可以更换。过去用煤油灯吊在影窗里面照影，现今用电灯照明，影窗也大型化了。

大连地区的皮影艺人大多出自复州城和金州一带。

太平鼓

过去，大连农村流行烧香活动。烧香班子的成员叫作"耍单鼓的"，他们大多是农民，技艺大多是世代家传，这些人的身上都有些武艺功夫和文艺说唱才能。每到农闲的冬季，烧香班子便要走村串乡，给香主烧香。一个冬天下来，能耍七八十场或上百场，一场可得银洋10元。一个班子通常有五六人。

烧香的目的是答谢上天和祖先的保佑，使得全家人畜兴旺，五谷丰登，买卖兴隆，为此烧个“太平香”；或者病人痊愈，烧个“还愿香”，以报神恩。

烧香主要道具是单鼓，又叫“太平鼓”，因烧太平香而得名。单鼓是用铁条撅成圆圈，类似蒲扇。鼓面蒙上单面山羊皮，所以叫“单鼓”。单鼓下面有一个铁把手，把手下端撅成3个花瓣形的圆圈，圆圈里套上铜钱和铁环，摇动起来，互相撞击，发出哗哗的响声。单鼓分为大、小两种，大鼓鼓面直径为一尺半，鼓音低沉，小鼓鼓面为七八寸，鼓音高亢。藤条做的鼓槌长一尺，槌头套上茧壳，槌尾系上红绒穗，像凤凰尾巴，摇动起来很好看。另外的道具还有“花棍儿”“两节棍”“大刀”等。

大连耍单鼓的穿戴不像辽东的那么讲究、复杂，头戴礼帽，身穿长袍、长裤，扎腿带，着青布鞋。有时为了表演方便，要脱掉长袍。

大连的烧香表演一般从上午9时到次日凌晨，表演内容为“十二板”，其顺序和名称是接神、拦门、大请、上案、安座、开口、分香、四铺神、打五路、开猪头、倒宝瓶、送神。

“送神”是烧香最后一板，这时时过半夜，是烧香的最高潮。艺人们纷纷拿出自己的绝活，一一表演出来，什么“滚地雷”“打铡刀”“金钩倒挂”“抽筋”“抽肠子”“打蓝鬼”等，这些惊险的动作时时博得观众的叫好和掌声，这也是艺人获得赏钱的最佳时刻。

由于艺人文化水平和演艺技能不同，单鼓的唱词和舞蹈也不一样。唱词内容大多是一些历史故事，如《唐王征东》《张郎休妻》《孟姜女哭长城》等。演唱方式有个人独唱、二人对唱、众人合唱等。单鼓的舞姿粗犷、豪放、火爆、泼辣，舞步扎实，节奏鲜明，动作分明，有独舞、双人舞、群舞，都是民间舞蹈的风格，舞步有“走圆场”“穿十步”“龙摆尾”等。艺人腰系串铃，手持单鼓，边唱边舞，边敲单鼓。单鼓对艺人来说非常重要，没有单鼓就不能演出。所以说：“单鼓，单鼓，唱离不开鼓，舞离不开鼓。”说的就是这个道理。

烧香是旧社会宣传封建迷信的落后活动，但是太平鼓这种打击乐器和太平鼓舞的特殊艺术表现形式是应该继承和发扬的。太平鼓舞是一种民间歌舞，在农村有着广泛的群众基础，深受群众的欢迎。在300多年的历史发展过程中，大连出现了许多有名的太平鼓手。当前，太平鼓舞由于有关方面的重视，得到了长足的发展，金州的太平鼓工作者经常获奖，影响广泛。

名胜古迹

金石滩龟裂石

金石滩位于大连东北部沿海，背依青山，面临黄海。海水清澈，海风轻柔，沙滩松软，幽静怡人，交通便利，是一处旅游胜地。

金石滩国家旅游度假区陆地面积62平方公里，海域面积58平方公里，礁石林立，物象众多，宛如凝固了的动物世界。金石滩有80余处景观，毫无人工雕琢的痕迹，全是风雨、雷电、海浪的杰作，雄伟粗犷，玲珑剔透，体现了大自然的鬼斧神工。十里海滨，十里怪礁，诉说着不尽的神话故事。“三辆车岛”是龙王三太子卸下的财宝，“九龙壁”是真龙天子的化身，“大鹏展翅”是神鸟下凡，“相亲石”是一段爱情故事……地质学家认为此地形成于6亿年前的震旦纪，震旦纪是孕育生命的开始，金石滩的崖石上，清晰地保存着当年的色彩和痕迹。它浓缩了史前9亿年至史前3亿年的地质演化和地球进化史，是地学和美学的完美结合。

金石滩上有一块绯红色的龟裂石，系6亿年前海退时期，（粉）砂泥质沉积物因气候酷热，受到烘烤和烈日曝晒，形成不同方向的楔形裂纹，后又被砂泥质沉积物填充，再经过成岩作用而形成的。该石斜卧在金石滩国家旅游度假区东海岸，属晚元古界震旦系“金县群”大林子组。体积约10立方米，表面呈金黄色，沟纹呈蛋青色，似玳瑁背甲，故又称龟背石。美国科学院地学部前主席柯劳·德教授见到它时，惊奇地慨叹道：“这是世界上最大最美的一块龟裂石！”从此“天下第一奇石”便在地学界传扬开了。它具有极其重要的地质研究价值，它仅是该地泥裂层的一小部分，如沿悬崖泥裂层面揭露，必然会有更加恢宏、壮观的奇特景象出现。

金石滩龟裂石

金州小石棚

金州小石棚也称“小关屯石棚”，位于金普新区向应街道小关屯，横 1.85 米，纵 2.8 米，高 1.45 米。它建立在一块 10 平方米的土台上，长方形，东西向。4 块大石板顶着一块大石盖，石盖长出四面石板，底下铺了一块同样巨大的石板。全部共用 6 块石板筑成。它是新石器时代人们所留下的巨石遗迹，也叫巨石文化。

新石器时代的人们过着氏族生活，宗教在生活中占据着重要地位，不管是出猎、作战或是遇到重大事件都要祭神。他们在氏族长的领导下，集合在一个特定的地方，举行祭神的仪式。石棚就是举行祭神的地方。石棚又是氏族活动的场所，氏族的会议也在这里举行。氏族长死了以后，也把他葬在石棚里，祈求他的灵魂继续关照氏族，所以石棚又成了祭祀祖先的地方。

石棚遗迹不仅见于辽东半岛，在山东半岛和朝鲜半岛均有发现。这说明在新石器时代，大连地区就与山东和朝鲜两大半岛有着密切的联系。但金州小石棚与山东半岛和朝鲜半岛的石棚又有所不同。其他石棚一般由 3 块石板加石盖，共 4 块石板构成。而金州小石棚则多 2 块石板。四面石较三面石既对称又美观，而底部铺一石板，更增加了石棚的稳定性。这说明大连地区的原始文化在时间上可能比后两者稍晚，但有其独创性和进步性。

距小石棚以南约 500 米原有一个大石棚，20 世纪 50 年代被苏军炸毁。另外在庄河白店子、大荒地和普兰店石棚沟，瓦房店台子屯，也都有石棚。

小关屯石棚全貌（王国栋提供）

小珠山遗址

小珠山地处大连市长海县广鹿岛，最高点海拔约 28 米，俗称“土珠子”，1978 年开始发掘。小珠山遗址分为下、中、上三层，分别代表了早、中、晚三个不同的历史阶段。

小珠山的原始居民过着半穴式的定居生活，住在土木结构的圆形或方形的土屋里。土屋是用木杆搭起的房架，墙壁用草拌泥涂抹而成，有出入的门口。根据遗址证实了他们这个时期进行着原始农业、畜牧业、渔业和手工业等的生产活动。

在农业方面，已有了多种生产工具，他们制作石斧用来砍伐，制作石铲用来翻土地，制作石刀、石镰用来收割，制作石磨盘、磨棒用来加工谷物。他们就是用这些工具来完成粮食作物从种到收的全过程。在遗址中还发现了炭化的粟。

在遗址中发现了大量的狗骨和猪骨，这便是以家畜饲养为主的畜牧业产生的证明，它标志着当时已经驯养了部分野生动物。还有许多以石或陶制成的网坠，这是系在渔网上的捕鱼工具，说明当时的捕鱼生产已有相当规模。在数米厚的贝丘遗址中，有许多牡蛎、文蛤、螺等，可见在当时，捕捞海洋贝类占有重要的地位。

广鹿岛小珠山遗址（郭朝晖摄）

墓均为长方形，南北向，墓的砾石和石板被烧过。

墓葬种类有石板底墓、石板壁墓、烧土块底墓、砾石底墓、土坑墓。

在葬法上，23座墓中大部分人骨被火烧过，而且人骨是叠压在一起的，一颠一倒火葬，大人和小孩合葬。火葬由上而下，每座墓人骨数目不等，多者144人，少者仅2人。

随葬品有青铜器短剑、矛、铃、镞等；陶器有罐、壶、豆、碗等；装饰品有青铜钏、簪环、玛瑙，还有骨器、铸铜斧、滑石范等。由出土文物可见，此时期的冶铸工艺技术已有一定水平。

从岗上墓地出土的宽叶曲刃青铜短剑来看，属于春秋时期的墓地，它对研究青铜短剑时期的历史文化具有珍贵价值。墓地下面是双坨子上层文化类型的遗址，距今约有3000年。

1979年被列为市级文物保护单位。

牧羊城

牧羊城又称木羊城，位于旅顺口区铁山街道刁家村西南临海的丘陵地带，距渤海约500米，现在保留着部分城墙残迹，是辽南地区著名的汉代古城遗址。

该城址呈长方形，南北长约133米，东西宽约82米，面积约10900平方米。墙基石筑，墙体土筑。今存城墙高2米至5米，宽约3米。北墙中间有一个宽约12米的缺口，估计是城门。

牧羊城自1928年考古发掘以来，陆续出土了大批文物。有石斧、石刃、石锛、石纺轮等石器；骨镞、骨针等骨器；建筑用的各种花纹砖、板瓦等；战国至汉代的货币有明刀钱、“半两”、“五铢”和新莽时期的“大泉五十”等；还有陶器和瓦当以及铁制工具、铜镞、铜镦、铜带钩等。特别是发现了“河阳令印”“武库中丞”封泥，这是牧羊城和中原书信往来的实物见证。此外，在城址附近及其周围地区还发现了大量的汉代遗址和不同形制的墓葬，如石墓、土坑墓、瓮棺墓、贝墓和砖石墓。

据考证，牧羊城城址下有青铜时代遗址。从出土文物分析，该城开始经营是在战国时期，两汉时期是一个人口稠密、经济繁荣、文化发达的时期，该城是辽东半岛上一个重要的海防城堡，在沟通辽南地区与中原地区的政治、

牧羊城遗址

经济、文化等方面，起着桥梁和纽带的作用。后来由于东汉王朝的没落，辽东地区战乱频繁，牧羊城便逐渐废弃了。有人认为这里就是汉时辽东郡沓氏县城，作为县城来看未免太小了。总之，该遗址对研究大连地区的历史以及同中原地区的关系是有着重要意义的。

营城子壁画墓

在大连市甘井子区营城子街道前牧城驿村与沙岗子村之间有一座汉墓，名为营城子壁画墓。

这座汉墓的外形侧看像“山”字，中间的主室、套室较高，前室、东侧室和后室较低。墓室南北全长 17.5 米，东西宽 7.18 米，砖筑，方形穹隆顶，由主室、套室、前室、后室和东侧室组成。

主室居中，券顶内高 3.15 米，底边长 2.87 米，宽 2.88 米。外套室高 5.7 米，底边长 4.68 米，宽 4.66 米。套室与主室之间有一道回廊，间距 0.5 米至 0.93 米。主室南是前室，北接后室。前室南面有墓道。主室内有砖铺尸床。东侧室有砖筑明器台。各室四壁均用灰色环状、羽状、菱形等花纹砖砌成，

营城子壁画墓

营城子壁画墓中的壁画

室内地面皆用砖铺成。

这座汉墓出土陶器较多，有灯、屋、猪、灶、俑、盆、杯、勺等明器。更为重要的是在主室内东、南、北三壁和东、南两券门外的白灰墙面上画有壁画。壁画以主室北壁上的升天图为主，画面正中有一男性墓主人，着长衣，佩长剑，头戴三山冠，脚下有云气，面向左。其前面有一戴方巾、持羽状扇的“方士”，迎接墓主人，是引导死者升天的中介人。对面空中有一羽人，手持三株“赤草”，乘云气，迎向墓主人，引导墓主人升天为仙。墓主人身后立一侍儿，手捧一物。在左上方有一展翅飞翔的长颈朱雀，在右上方有一昂首腾跃的卷龙，这些祥瑞之物，表示墓主人已经脱俗入仙。壁画的下端，画三个人祭拜墓主人的情景，一人在前俯拜叩头，中为拱手跪拜，后为立拜，表示祭拜者的辈分关系及对墓主人的尊敬和祝愿。在他们的前方，置有长方案，案上放祭器；在他们的后方，置有层叠的食器。下方祭祀图与上方升天图相互对应，构成了活者对死者的祝福和祈望。

南壁内门楣上画有一个巨头、圆眼、大嘴、长臂的怪物，门两边各立一门卒。左侧门卒发长执剑，面相张扬；右侧门卒长须戴冠，面相温和。南壁外门楣上方，画有一头戴三剑冠的怪人，左手握蛇，右手持幡，张口怒目，右边有一虎张牙舞爪。东壁内门楣上方画有云、朱雀。

这座汉墓说明了1900多年前东汉时期大连地区经济文化比较繁荣和发达的历史状况。壁画反映了当时的统治者死后要升天成仙的愿望。壁画线条奔放，是研究汉代墓葬习俗、绘画艺术和建筑工艺的宝贵资料，是大连地区重要的历史文物之一。

这座汉墓是1931年修公路时发现的，日本殖民者将出土文物劫往日本，并在汉墓上方加盖铁皮套房。中华人民共和国成立后，套房被人盗走，该墓一度遭到破坏。1954年文物部门为其修了石头套房和排水沟，墓室外用白灰加固。1963年被列为省级文物保护单位，1980年设专人监护，20世纪90年代又做了进一步的维修。现为大连汉墓博物馆。

清泉寺

清泉寺位于普兰店区星台街道葡萄沟村的吴姑城山（又名巍霸山）上。吴姑城墙环绕巍霸山一周，全长约6公里，依山起伏，分外壮观。吴姑城建于东汉，是守卫北国边疆的驻军之地。

清泉寺坐落在城内东南的山腰上，面向山城东门，是一座集佛、道、儒三教为一体的寺庙。庙殿三排6座，依山势而建，后高前低，落差约70米，占地面积约1700平方米。

寺前有一座雪映石屏，刻有 66 首赞美诗词。石屏后面就是清泉寺的山门，门顶刻有“一洞天”三个大字。门扇的刻联是“明齐日月”“量合乾坤”。围寺的裙墙都由方块花岗石和青砖砌成。庙院中央立有一个双耳铜皮铁铸香炉，炉面饰有烘云托月、蟠龙戏珠的图案，精巧美观、古色古香。香炉左边是钟楼，右边是鼓楼。殿内的神像，神采奕奕，金碧辉煌，全用玻璃罩装。

前排中间是大雄宝殿，供奉释迦牟尼，阿难、迦叶守在左右，韦驮、李天王立在两侧。北面正尊是观音菩萨，善财童子、龙女守在两旁，两侧是十八罗汉。南面正尊是地藏菩萨，道明、闵公在左右。两个配殿北面是伽蓝殿，供奉关圣帝君，两侧是孚佑帝君、马天君、周仓、柳天君、关平等。南面是药王殿，供奉龙王和药王，两侧是八大名医。

中间两殿，北为玉皇殿，供奉玉皇大帝，左文昌，右真武，两侧是青龙和白虎。南为老君殿，供奉老君，左周公，右孔子，两侧是杨戬、哪吒。

后殿是娘娘殿，供奉王母娘娘、王仙姬、董仙姬、眼光娘娘、耳光娘娘、子孙娘娘、痘疹娘娘、王灵姬、赵公明、提婆诸神。

前殿和后殿是硬山式建筑，中殿是一对双檐歇山式建筑，塑有鸱吻屋脊的楼阁。从前殿到后殿要穿过三道石梯，首尾接应，曲径回廊，盘桓交错。

清泉寺东南角有点将台，西南面有梳妆台遗址。西门外的饮马池常年流水不断。相传唐太宗驻军于此，泉水供军马饮用，命名为清泉寺。又有唐王建刹、吴姑重修的记载，距今已 1300 多年。它是大连规模较大、保存较完整的古庙，1988 年被列为省级文物保护单位。

清泉寺为什么能保存下来呢？据说 20 世纪 20 年代重修该庙时，中共地下党员参与其中，在大殿后边雕塑了一颗红五角星作为联络标志，于是它成了“革命文物”，平安地度过了每次运动，没有人敢动它一砖一瓦。

旅顺鸿胪井

698 年，东北靺鞨（即渤海国）首领大祚荣统一了周边各部，自号震国王。唐玄宗开元元年（713），唐朝派遣鸿胪卿崔忻去渤海册封大祚荣为左骁卫员外大将军、渤海郡王，加授忽汗州都督。从此靺鞨专称渤海。第二年夏，崔忻在返回长安途经都里镇（今旅顺口）时，在黄金山麓凿井两口：一井在黄金山北麓，并刻石留念，其井已掩埋；另一井在黄金山南麓，因沙俄修筑军事工程被填平。

崔忻官名鸿胪卿，从三品，管理民族事务，所以他凿的井被后人称为“鸿胪井”，乡民叫它“金井”，民间还有“金井锁蛟”的传说。

现在见到的鸿胪井碑（拓片）是考古学家罗振玉托人于1919年在日本原碑上拓成的，现存于旅顺博物馆。碑文3行，计29个字：

敕持节宣劳靺羯使

鸿胪卿崔忻井两口永为

记验开元二年五月十八日

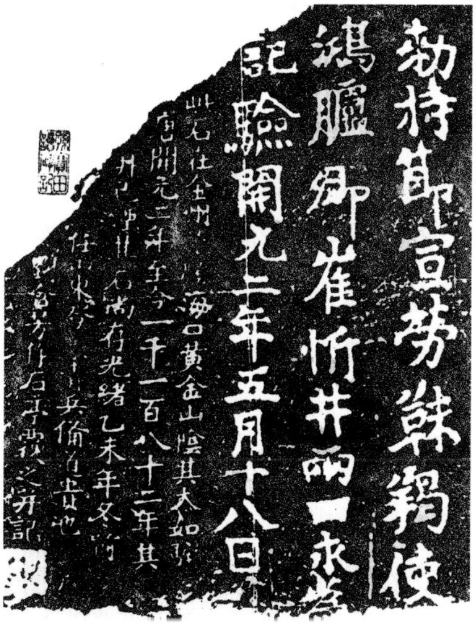

鸿胪井碑文

鸿胪井在黄金山麓经历了1000多年，此间有据可查的有明代查应兆，清代额洛图、耆英将军等人都在这块“大如驼”的碑上刻字留念。1895年冬，清代山东登莱青兵备道、安徽贵池人刘含芳极为重视鸿胪井和碑，修石亭将碑覆盖作为保护，又在碑文字的左侧，添刻5行小字：

此石在金州旅顺海口黄金山阴，其大如驼。唐开元二年至今一千一百八十二年，其井已湮，其石尚存。光绪乙未冬，前任山东登莱青兵备道贵池刘含芳作石亭覆之，并记。

旅顺鸿胪井遗迹碑

日俄战争后，日本占领旅顺口。1908年，日本海军旅顺镇守府司令长官中将富冈定恭下令将碑和石亭一并劫走，藏于日本皇宫内。1911年在原位上建了一座高两米的大石碑，正面刻有“鸿胪井之遗迹”6个字，碑阴为6行小字：

金州古城

金州是辽东半岛南部的雄关重镇，从辽代到清代，一直是府、卫、县、厅的治所。大黑山、北屏山像天然屏障横亘在城北，城南地窄处不足 5 公里，为进出金州的咽喉重地，历来为兵家必争之地，闻名遐迩的哈斯罕关就建在那里。

金州古城有 700 多年的历史。西汉王朝在此设辽东郡，金州称沓氏县；隋、唐军曾在此两次攻克卑沙城，打败高句丽；辽代金州称苏州，并开始建土城，面积约 0.4 平方公里。金朝降苏州为化成县，金贞祐四年（1216），金朝为抵御蒙古铁蹄南下，将化成县升为金州，这是金州命名之始。元朝重修土城，明代以后，金州成了辽东半岛的军政中心。明洪武八年（1375），建立金州卫，为了加强防务，将金州土城改为砖城，城池呈“亞”字形，城周约 3 公里，高 3.5 丈（1 丈≈ 3.3 米），护城河深 1.7 丈、宽 6.5 丈。城的东、西、南、北各有 1 门。

清康熙五十四年（1715）重修金州城，改“亞”字形砖城为长方形砖城，城区面积近 1 平方公里，在四门外设有外廊，城四角筑有角楼，城上设置防御炮和射箭垛口，城外有护城河和吊桥。

乾隆四十五年（1780）再次修葺金州城。城周约 4 公里，高 6 米，城上东南隅有一座魁星阁，建筑典雅古朴，为游人必到之处。城门外均筑有瓮城，以保护城门的建筑和安全。护城河上筑有石桥，供人车通行。

1894 年甲午战争时，金州古城遭日军重炮轰击，破坏严重。1898 年，护理金州副都统阎福升募集资金对金州古城进行了历史上最后一次修建。

大连解放后，从 1948 年开始，金州古城被陆续拆除。

复州古城

复州古城位于瓦房店市西 45 公里的复州城镇。始建于辽代，金代称永康县城，明洪武十五年（1382）重修，均为土城，永乐元年（1403）改建为石头城，永乐四年建成。传说石料都是来自复州西部的骆驼山，由于山高路远，运输困难，百姓叫苦不迭，有民谣流传：“城起保永乐，百姓都挨饿，脸上皱纹多，腰骨累断折。”城呈长方形，东西长，南北短，设三门。明嘉

复州城墙

靖年间，辽东巡抚王之诰在城东北设观望台 2 座，城西设观望台 1 座；各城门外设护门台各 1 座，以增强防卫能力。

清乾隆四十三年（1778）拆石城修砖城，2 年后竣工。城呈梯形，周长约 2950 米，高约 10 米。嘉庆六年（1801）在城垣东南修建了一座魁星楼，内塑魁星像 1 尊。乾隆年间城上设置 9 尊护城炮（后被日本人掠走），砖城竣工后，复州知州陈铨在城内东南角刻石立碑记述此事。

复州砖城历时近 200 年，1976 年拆除，目前仅存东门门洞和北边的百米短墙。1979 年 11 月，被列为市级文物保护单位。

城山古城

城山古城位于庄河市西北 30 公里的城山镇沙河村万德屯。山城建有前城和后城，前城建于东晋安帝义熙三年（407），名为积利城，距今 1610 多年。前城周长约 3300 米，建在高山之巅，以花岗岩石为料。建城的目的是防范海上来侵之敌。前城设中门、左门、右门和逸门，北、东、南分别建有一个瞭望台。城内设旗台、水牢、兵营、将军阁、兵器库、烽火台、点将台、水井等。后城建于唐代，没有完工，周长约 5000 米。两城之间相隔一条高山峡谷，谷中有河水。

古城内有法华寺、五老宫两座寺院。法华寺建于明万历四十二年（1614），寺内有一副对联：山门不掩月常临；道经无尘风自扫。五老宫建于民国初年，是著名的道观。每年农历四月初八是这里的庙会。

城山古城保护良好，1979 年被列为市级文物保护单位。

羊官堡石城

羊官堡石城位于瓦房店市仙峪湾镇羊官堡村。该城始建于明代，是防御性城堡。城以石块砌筑，南北长约 260 米，东西宽约 160 米，城墙残高 6 米至 8 米，宽 3 米至 4 米。城有南、北二门，南门上方镶嵌石匾额，刻“羊官堡”三字。东墙保护较好，其余三面墙已倒塌。羊官堡石城 1985 年被列为大连市文物保护单位。

牧城驿古城

牧城驿古城坐落在大连市甘井子区营城子街道前牧城驿村。

相传唐初，盖苏文占领辽东半岛，筑城据险，牧城驿古城就是那时兴建的，当时叫木厂堡。居民稀少，树茂草盛，为禽兽出没之地。明代，明将毛文龙为防御后金兵入侵，派兵驻守此地，其时叫木场驿，并大肆修筑城垣，后来的古城就是明朝修建的。

古城形状长曲如船，所以又叫船城。城周长约 1495 米，墙高约 5 米，有南、北两个城门。城内有一条纵贯南北的大街，在街心小广场有东西并排两座古庙——关帝庙和娘娘庙，均建于明代中期。

古城的东、西、南三面是山丘，北面是开阔的平地。东、西山各有 2 座瞭望台，传说是拴船的船桩，其实它就是护城的哨站。登上瞭望台，极目远眺，古城在地理位置上的重要性便一目了然了。这里是连接大连、旅顺、金州的交通要冲，难怪历代在此建城设防。

古城今已不在，只有南城门尚剩下半个门，门上镶有一块明城标志牌，看到它，不禁使人联想到古城往昔的风采。

黄贵城

黄贵城地处庄河市黑岛镇黄贵城村，又叫皇古城。相传为明嘉靖年间镇守使黄贵为防御倭寇所建，故称黄贵城。该城占地面积 2.4 万平方米，砖石城墙，现已残破。

清时在城东建有古善寺。1926 年改为学校，发现一块石碑，记述黄贵的功绩，清嘉庆年间所立。

清道光年间，被称为“辽东二士”之首的学者和诗人多隆阿曾到此游览，作诗《古城》：

古迹凭谁问？残碑仅记年。
荒城今若此，古堞久颓然。
戟拾沙中铁，人耕郭外田。
倦倚危石坐，老树郁春烟。

哈斯罕关

辽统和八年（991），辽圣宗耶律隆绪为了防御宋军入侵和防止辽人越海通宋，便在辽东半岛南端渤海与黄海之间的地峡——金州南土城子一带筑城设关布防，关名称哈斯罕，即契丹语木栅栏之意。此关隘在辽代亦称苏州关（当时金州称苏州），金代改称化成关（当时金州称化成县），元、明以后称哈斯罕关。

该关北起渤海金州湾土城子，经大岗子地、打粮地，越二道岭高地、后关村、前关村，止于前盐村黄海大连湾。全长约 4 公里，距离金州城西南大约 7 公里。

哈斯罕关原设 3 座关门，在渤海之滨的城头和黄海之滨的城尾，均立有关门，这南、北关门今已无存，只有在二道岭高峰的中关门尚存遗址。城关内筑有墩台、边台和垛口。此关城海拔 62.6 米，扼守中关，可遥控南、北二关和渤海、黄海，控制古驿道。现已在这里树立“哈斯罕关址”石碑，被列为市级文物保护单位。

哈斯罕土城墙依山就势掘土而筑。城堡和城墙都是土木建筑结构。土城墙围着松树杆子，俗称沙木干子。现今仍能见到城墙沙木干子的遗迹。在城头土城子一带，尚存有约0.5公里长、3米至5米宽、约3米高的城墙遗址。南段在前关村附近尚保留一段长约0.5公里、宽约2米、高约2米的残墙遗物。

如今1000多年过去了，古城墙早被风雨剥蚀殆尽，变成良田，人们只能从眼前的废墟想象昔日的雄关了。

金代摩崖石刻造像

摩崖石刻位于普兰店区双塔街道马屯西北和尚帽山南坡，为金世宗大定三年（1163）建造，是大连地区最早的摩崖石刻造像。

山崖为一簇形状奇特的花岗岩石崖，长7.3米，高5米，自然一体，堪称一绝。原有18龛，18尊佛像，现存17尊浮雕佛像。造像大部分为圆龛，形态各异，风格迥然，最高的为96厘米，最小的为18厘米，栩栩如生，情趣盎然。在石崖造像上部，刻有“大定三年七月造六尊，僧义选，匠人李记”的铭文，距今已有850多年的历史。

这组金代摩崖石刻造像的发现，填补了大连地区摩崖史的空白，在东北地区也是少见的。它对研究金代宗教信仰和造像艺术都有重要的价值，被列为省级文物保护单位。

金代摩崖石刻造像

挂符桥

在金普新区三十里堡街道三十里村南沟台山脚下公路西侧，有一座辽南地区仅有的明代石拱桥——挂符桥。它与山上的烽火台交相辉映，成为金州地区的名胜之一。

据文献记载，挂符桥建于明万历年间（1573—1619），是大连地区最早的石桥，在辽南地区享有盛名。挂符桥为一孔石拱桥，用白灰浆砌筑，具有明代建筑风格。桥身长 5.7 米，宽 5.5 米，高 7.1 米，净跨 2 米，桥拱为半圆形。桥面用石条铺装，石条之间由腰铁牢固连接，这叫作子母对齿砌法。挂符桥工艺精湛，坚固美观，至今仍在使用。

清乾隆三十一年（1766）该桥重修，桥旁立有重修记事碑。该桥经历 400 多年的风雨洗礼，现今完好无损，1979 年被列为市级文物保护单位。

关于挂符桥名称的由来有两种说法：一说是此地为辽阳至旅顺险隘之一，石桥竣工时，皇帝亲为此桥挂符，故名挂符桥；另一说是相传有一对新婚夫妻回门途中经过此地，遇暴雨，新娘骑着毛驴被围在洪水中，新郎为救妻子被洪水卷走。新娘于是守节不嫁，立志修桥。她白天砍柴采药，夜晚纺线织布，攒钱修桥。后来两次建成的桥都被洪水冲塌，于是她遍访民间巧匠，最后采取子母对齿砌法，终获成功。当地人为纪念这位可敬的寡妇，称此桥为“寡妇桥”，后谐音成“挂符桥”。

挂符桥

金州副都统衙门

道光二十三年（1843），清廷鉴于第一次鸦片战争以后帝国主义侵华的严重局势，为增强大连的海防力量，特将熊岳副都统衙门迁移到金州城内东街，称金州副都统衙门，俗称“东衙门”“旗衙门”，隶属盛京将军。

副都统衙门置副都统一人（正二品），设印务处，分左、右二司，各司配备司达、班达、书记官员，处理辖区的军事、政治、旗人事务和捕捉罪犯等。副都统管辖金州协领、旅顺水师营协领、盖平城守尉、熊岳城守尉、复州城守尉。

副都统衙门为五进院落，左右对称，院内厅舍 17 栋 53 间，砖木结构，青砖青瓦。整个建筑沿中轴线对称排列。衙门内设副都统公馆、印务处、折办房、大堂、左右司、档房、值班房、果什房、街道厅、箭亭等。

1894 年 11 月，金州城沦陷，副都统衙门一度作为日军总指挥部。1898 年 3 月，沙俄强租旅大后，金州为自治地，副都统衙门辖区只限于金州城内。1900 年 7 月，俄军强占金州，并将代理副都统阎福升、海防同知马宗武等 67 名官员流放到库页岛服劳役。中华人民共和国成立后为金县公安分局，现在按原样重建，辟为金州副都统衙门博物馆。

金州副都统衙门是大连地区唯一保留下来的完整的明清官衙建筑，十分难得。1984 年 7 月，被列为市级文物保护单位。

金州副都统衙门

龙引泉

龙引泉又称“龙眼泉”“龙饮泉”，均是泉水旺盛、喷流不息的意思。

该泉位于旅顺口区水师营街道的三八里村，四周围以石墙，院内林木繁茂，林荫深处花卉丛丛，占地14万平方米。

1879年，清政府经营北洋水师旅顺根据地，为解决船坞和陆军用水，打了许多井，不是水咸不能食用，就是水流不旺，不敷使用。后来经过勘查得知此处泉水最旺，于是就把这个自然水源建成水源地，修建水池一座，铺设陶瓷铁铸水管6180米，砌筑隧道728米，凿井18眼，安装了18台水泵，将水送到旅顺大坞，并修筑储水池，铺设水管13335米，把水送到码头、工厂和营区，共投资3.65万两白银，建成了我国最早的自来水工厂，每天供水量1500立方米，可供2万人使用。旅顺由此成为中国近代史上第一个具有自来水设施的城市，开创了中国城市供水事业的先河。1888年在水源地立了石碑，刻有“龙引泉”三字，并有碑文，记载军民用水之事。碑文如下：

为勒碑晓谕垂久事。案照旅顺口为北洋重镇，历年奉旨筹办炮台、船坞，驻设海军、陆师，合营局兵匠等役，各机器厂、水雷营电池及来往兵船，日需食用淡水甚多。附近一带连年开井数十口，非水味带咸，即泉脉不旺。目勘得旅顺口北十里，地名八里庄，有泉数眼，汇成方塘，土人呼为龙眼泉，其水甚旺，历旱不涸，但分其半，足供口岸水陆营局食用要需。应于其上建屋数楹，雇本地土人看守，以免牲畜作践。池外暗埋铁管，穴山穿陇，迤逦以达澳坞四周及临海码头，至

龙引泉碑

黄金山下水雷营等处。另分一管，添做池塘，专供该处旗民食用灌溉。前月据该处旗民联名禀称，所另分出之水日久无凭，恐全为军中所用，该处所有居民无水食用，恳请立碑存记等语。本司道等业据情详请钦差大臣督办北洋海军直隶爵阁督部堂李立案，并咨本副都统暨本厅，均照该旗民所请立之，情应会同勒碑晓谕，以便军民而垂久远。为此示，仰该处旗民人等一体遵照。特示。

日本殖民统治时期对水源地进行了扩建，栽植树木 30 万棵，后来在旅顺寺儿沟、大孤山、孙家沟、松树等地建成了水源地、水源井、净水池，使龙引泉自来水设施更加完备。

到了 1979 年，水师营蔬菜生产扩大，龙引泉附近水井增多，造成深井截流，泉水干涸，使这座有名的我国自来水之祖被废弃。现在旅顺用水来自碧流河水库。

金州曲氏井

1894 年甲午战争爆发，10 月，日本第二军从庄河花园口登陆，11 月 6 日晨，日军兵临金州城下。金州军民在副都统连顺、总兵徐邦道的指挥下奋

金州曲氏井

勇抗敌，但清兵寡不敌众，金州城破。城内西南处有一曲姓人家，老少三代7位女眷为不遭日军凌辱，怀抱3个幼儿，毅然投井自尽。

甲午战争后，曲氏妇女以身赴死、不受屈辱的义举在群众中广为传颂，她们大义凛然、视死如归的精神为人们所敬仰。1896年辽东收复，金州厅海防同知王志修到任后，从民间访知曲氏井一事，深为她们惊天地、泣鬼神的不屈气节所感动，欣然写下了感人肺腑的《曲氏井题咏并序》。序曰：

光绪丙申人日，授印金州。又明日，周视城垣，询及倭人入城有无死节事。佥指曲氏井而言曰："是曲氏一门死节处也！"求其详不得，乃谕家人报闻。知曲氏为金州冷族，世安耕凿。城陷之日，其家妇女恐被辱，相继赴井死，井为之塞。有救而苏者无几。其死者，若曲王氏、曲迟氏，皆中寿妇；其及笄未聘女三，嫁而生子女二；并幼甥三，携抱以殉之。妇女者，非能读列女之传、女史之箴也，而能见危授命，洁水完贞，可不谓难乎！今距其死节之期，岁星一转，即金州城退复，亦将两月。贞魂之不扬，守土者之咎也！既已上请奏旌于朝，复作此诗，乞和于世。庶几风里旃檀，藉吹嘘而更远，匣中宝镜，经磨砺而愈光矣。

其诗曰：

曲氏井，清且深，波光湛湛寒潭心。
一家十人死一井，千秋身殒名不沉。
金州曲氏世耕凿，家世雍雍闺范肃。
堂上曾无姑恶声，入门娣姒皆贤淑。
家园有井供饪烹，日日提汲泉源清。
有时人影照井底，皎然古镜涵虚明。
金城十月倭奴来，炮声历历鸣晴雷。
守者登埤力督战，援兵不至城垣摧。
非我族类心必异，入人闺闼无趋避。
多少朱门易服逃，谁知仓猝遵名义。
曲氏门内皆伯姬，守身赴井甘如饴。
节妇殉名女殉母，伤心各抱怀中儿。
我来金州理案牍，夜夜夜深闻鬼哭。
晓起登城询土人，共指井边曲氏屋。

抔土已葬荒井存，门闾未表哀贞魂。
一时死义已足尊，争如节烈成一门。
吁嗟乎！
巾帼大义愧官府，欲荐黄泉应不吐。
城南崔井唐题名，合于此井共千古！

王志修在诗中对死者表达了无限的敬仰之情，赞扬她们不甘受辱、毅然决然以身殉死，反对日本侵略斗争的伟大精神。他把曲氏井和旅顺唐代鸿胪井相提并论。曲氏井的故事将流传千古，它永远铭记着中国妇女舍生取义的崇高民族气节，同时也深刻控诉了日本帝国主义武装侵华的滔天罪恶。

金代双塔

金代双塔地处普兰店区东北部，又称一塔、二塔，均为金代遗存。两塔的造型相同，材料也相同，皆为花岗岩。两塔相距约 5 公里，是大连地区唯一保存完好的金代石塔建筑。

一塔又称唐屯石塔，位于双塔镇唐屯村西山上。该塔由 19 块花岗岩垒成 5 层，高约 5.6 米，由塔座、塔身、塔顶三部分组成。塔座似由一块硕大的磨盘石铺就。塔身为八角形，共 5 层，从第二层起，每层都雕成仰莲座和小龛，龛内雕有坐佛 10 尊，从下至上逐层内收，每层上盖均有檐头。

二塔又称滕屯石塔，位于墨盘乡滕屯村滕屯塔山上。该塔由 16 块圆形花岗岩垒成 5 层，高约 5.2 米，分塔座、塔身、塔顶三部分。塔座是一块巨石板，长 1.6 米，宽 1.3 米，厚 0.3 米。塔身亦为八角形，逐层上收，每层出檐，都雕有仰莲座。塔顶有浮雕坐佛。

两塔从建筑规范上来讲，唐屯石塔略显粗糙。塔石之间倘有不平，则用铸铁支垫，时间久了，铸铁锈蚀，石块便紧压在一起。

双塔是金代的古迹，距今约有 900 年的历史，砌石约有 20 层（有的一层砌两层石），每层砌石全是干垒，没有任何黏合物，也没有精工细雕，都是简工粗凿，以大石块粗垒而成。塔基垫石由数块巨石铺平。双塔经受了长年狂风暴雨的袭击和地震的考验，而今依然挺立如初，坚固不斜，堪称一大奇观。

1979 年，金代双塔被列为市级文物保护单位。

旅顺火车站

旅顺火车站位于白玉山西麓，龙河入海口处。俄国强租旅大以后，为了加强旅顺的防御能力和掠夺中国物资的需要，修建了中东铁路。旅顺火车站是中东铁路南满支线的终点站。该车站始建于1900年10月，1903年7月14日正式运营。

日俄战争爆发后，铁路运输中断，1905年9月恢复通车。1906年，日本成立南满洲铁道株式会社。1907年，窄轨铁道改为宽轨，同时旅顺线与长大线的接轨处由南关岭改在周水子。当时旅顺线列车（至大连）仅有3节，运行时间由最初的3小时15分缩短到2小时。1945年8月，火车站由苏军接管，1952年12月正式交与我国政府。

旅顺火车站是近代著名建筑之一，日俄战争时被毁，1905年以后重建，1985年被列为市级文物保护单位。火车站整体造型别致，小巧玲珑，美观秀气。这座俄式木制建筑在客房屋顶建有一个方形阁楼，端庄雅致，白墙搭配半圆绿盖，色彩鲜艳明丽，上方的四方尖塔给整个建筑增添了美感，使这个濒海车站充满着浓郁的欧风格调，同太阳沟的欧式建筑和谐一致，洋溢着异国风情。它是东北铁路沿线车站保存最完整的俄式建筑之一，有重要的建筑参考价值。

旅顺火车站

旅顺万忠墓

1894年8月，中日甲午战争爆发。11月21日，日军攻陷旅顺，兽性大发，制造了震惊世界的四天三夜的大屠杀，近2万人遇难。当年目睹这一惨状的英国船员詹姆斯·艾伦在他写的《在龙旗下——甲午战争亲历记》一书中，详细地记录了日本侵略军的暴行：

> 路过的地方，几乎所有街上都堆积着层层尸体，不同年龄、性别和身份的中国人，都被成批地杀害了。在一处钱庄，地上都是混杂在一起男人、妇女和孩子的尸体，他们都是难民，被残酷地杀害了。尸体的头部被割掉了，血淋淋的头颅挂在柜台上的锋利的铁杆上。地上凝固的人血和五脏六腑足有3英寸厚。一些死者的手臂、大腿和头颅被砍掉了，扔得到处都是……

1895年春，日军抓来中国人组成抬尸队，将尸体集中焚烧，骨灰埋在白玉山东麓，插上书有“清国阵亡将士之墓”的木牌，欺骗世人。

甲午战争后，清政府用3000万两白银赎回了辽东半岛，清军进驻旅顺。

万忠墓

1896 年 11 月，候补直隶知州顾元勋主持修建万忠墓，亲书“万忠墓”三字刻于碑上。碑文是：“光绪甲午十月，日本败盟，旅顺不守，官兵、商民、男妇被难者计一万八百余名口，忠骸火化，骨灰丛葬于此。”1905 年日本再次侵占旅顺，慑于中国人的民族仇恨，将万忠墓石碑盗走。

1922 年，旅顺华商公议会会长陶旭亭发起重修万忠墓，再立万忠墓碑。碑文是该会文书金纯良所书。

1948 年 12 月，旅顺各界人民重修万忠墓，新立石碑上的“万忠墓”三字是刘鸿龄所书，碑文由金纯泰撰文并书，享殿横匾“永矢不忘”四字是关东高等法院院长周旭东所写。

1994 年，中共大连市旅顺口区委和区政府为祭奠百年前死难同胞决定重修万忠墓。清明节在万忠墓陵园内举行殉难同胞遗骨重新安葬仪式。新建陵园面积约 1 万平方米，包括祭祀广场和纪念馆、圆形墓冢和纪念碑，碑文由旅顺博物馆副馆长韩行方撰写，碑文如下：

> 公元一八九四年，岁次甲午，日本挑起战端。十一月二十一日侵入旅顺口，随即开始持续四天之血腥大屠杀，我无辜同胞罹难者约两万人，老病妇孺亦未能免。翌年春，日军为掩人耳目，将死难者尸体集中火化，丛葬于白玉山东麓。越明年，清官员顾元勋修筑享殿，题石立碑，始称万忠墓。日本殖民统治旅大四十年间，万忠墓碑石被盗掘藏匿，墓园荒芜，祭扫活动屡遭禁制。直至一九四六年秋，解除桎梏之旅顺人民方得以首次公祭先烈。一九四八年，旅顺民主政府主持重修万忠墓。一九九四年，为纪念甲午战争一百周年，弘扬爱国主义精神，旅顺人民政府再次重修万忠墓。全区二十一万民众竞相捐资，海内外各界热心助援。是年清明节，清理死难同胞遗骨遗物，隆重入殓移葬；继而修墓建馆，拓展陵园，遂使当年屠城铁证昭然天下，先烈忠魂安息九泉。值兹百年大祭，刊石记之，以告慰英灵，并警示后人：居安思危，勿忘国耻，强国富民，振兴中华。

万忠墓铭刻着中华民族的屈辱，记载着日本帝国主义的血腥罪行，它将激励着后人不忘国耻，奋发图强。

1963 年 9 月，万忠墓被列为省级文物保护单位。2006 年被列为全国重点文物保护单位。

旅顺中苏友谊纪念塔

中苏友谊纪念塔位于旅顺博物馆对面的广场上。这是为纪念《中苏友好同盟互助条约》签订5周年，由国务院决定兴建的。1955年2月23日，彭德怀执锹奠基，1957年2月14日落成。

该塔为圆柱形，由二层塔基、塔座、塔身构成，高22.2米。塔基四面皆有阶梯，并有栏杆围绕。塔基和塔座由花岗石砌筑，呈正方形，底边各长22米，为双座月台式塔基，上层小于底层。塔身和栏杆的白雪花石产于山东掖县。第一层塔基栏杆的柱头上，雕刻着盛开的牡丹，第二层塔基栏杆的柱头上，雕刻着飞翔的和平鸽和朵朵白云。塔座四面有巨大的浮雕：正面的浮雕是花朵簇拥着的天安门和克里姆林宫，左边的是中苏友谊农场，右边的是鞍钢高炉，背面的是旅顺解放桥和胜利纪念塔。塔座的上面是洁白的十二角形塔身，雕刻着20个神态各异的中苏人物群像。塔的尖顶用雪花石雕着盛开的莲花，托着中苏友谊徽和一只展翅欲飞的和平鸽。

该塔设计新颖，造型典雅，雕刻精细，具有传统的中国民族特色。塔的四周有78棵四季常青的龙柏，与白塔相互辉映，显得格外壮观秀丽，是旅顺一处著名的景点。该塔1961年已被列为全国重点文物保护单位。

旅顺苏军烈士陵园

旅顺苏军烈士陵园是我国最大的外籍人员公共墓地，位于旅顺口区水师营街道南三里桥，是一座典雅的欧洲风格陵园。园门造型简洁典雅庄重，像一座纪念碑。

陵园占地4.8万平方米，西部是沙俄公墓，东部是苏军公墓。陵园的墓碑和雕塑全为俄罗斯的艺术风格。墓碑有塔形、柱形，镶嵌着飞机、铁锚、坦克、枪炮等。

苏军烈士纪念塔是陵园的重要建筑。纪念塔由塔基、塔身、塔顶三部分组成，全高15米。塔基分三层。第一层是由长方形的花岗岩砌成，正面镶着一个巨大的铜铸花环，后面是两个巨大的铜铸花圈。塔基的两端，各铸一尊苏军铜像和青铜火炬。第二层在黑色花岗岩上镶着军旗、五星和武器的铜

旅顺苏军烈士陵园

雕。第三层塔基是用铜板包镶的，用中文、俄文铸着：“为中苏两国人民的自由和幸福光荣牺牲的烈士们永垂不朽！”塔身为十二角形，用雪花石砌成。塔顶是橄榄枝环绕着的五角星。

1999 年夏，大连人民广场的苏军烈士纪念塔被移至陵园的正门前广场。纪念塔由花岗岩砌筑，塔高 30.8 米，塔基长 53 米、宽 17 米。塔身是六角形，高立于塔基之上，正面树立一尊 5 米高的苏军铜像。塔基正面两侧镶嵌巨幅铜雕，画面的内容是保卫和平与生产建设。塔基上有检阅台，可容纳 300 人，塔基正面中央镶有一块 16 平方米的黑色大理石，上面刻着郭沫若撰文并书写的中、俄两国文字的铭文《永恒的光荣》。这座纪念塔建于 1955 年，苏军铜雕是著名雕刻家卢鸿基教授完成的。

苏军烈士陵园 1988 年已被列为省级文物保护单位。

“辽南小桂林”——冰峪沟

冰峪沟风景区位于庄河市东北约 20 公里的龙华山地区。景区由龙华山、小峪河谷、英那河 3 个小景区组成，有景观约 200 处，景区面积 40 多平方公里，是大连境内最大的自然风景区。

相传唐太宗率军征伐高句丽路经此地，当时正是阳春三月，沟外青山吐翠，万物复苏，而沟内冰封雪飘，寒气逼人。唐太宗即兴命名此地为“冰峪”。这里是屯兵练武的好地方，又是防御外敌、万夫莫开的禁区，所以又叫“兵御沟”。

冰峪沟风光险丽，融“秀”“幽”“奇”于一体，远离城镇，不染尘嚣，素有“辽南小桂林”之美誉。景区风光旖旎，山水秀美，峰峦叠嶂，奇峰林立，怪石峥嵘，挺拔峻峭，林木参天，鸟兽出没，河水回环，清澈洁净，大自然的鬼斧神工给万物创造出奇幻的神境。这里名木繁多，有天女木兰、水杉、三桠钓樟等；名草百种，有人参、天麻、龙胆、灵芝等；名花比比皆是，有百合、杜鹃、丁香、玉兰等；野山珍有松伞蘑、榛蘑、木耳等；野生动物有野猪、狍子、狐狸、獾、松鼠、野猫等，野禽等亦经常出没其间。

龙华山位于景区的南端，景区有般若洞、龙华观、圣水寺、望海楼、龙泉飞瀑、石林峪、瞭望台、平湖孤峰等。

小峪河谷位于龙华山之北，景观有宏真茔、虎回头、别有天、神女峰、灵秀峰、群仙居等。

英那河谷在景区北端，景观有云水渡、双龙汇、月剑潭、中流砥柱、龙门潭、万寿叶石、拦马峰、金雕石、天壁峰、腾龙涧、云盘谷、渔樵石等。

冰峪沟保留着原始森林生态，是一处颇有开发潜力的旅游胜地。

郑有仁与金州八景

旧时金州有八景，皆为风景名胜之地。清末金州厅学附生郑有仁擅诗词、书法，对八景以“唐多令”词牌加以描绘，成为金州八景唯一的歌者。

大黑山雄踞金州城东约5公里，又称“大赫山”“大和尚山”，海拔663米，包括凤凰山、老虎峰、大黑山主峰、响水峰和四方峰，绵延10余公里，位居金州地峡之北。山上危崖嵯峨，怪石嶙峋，云雾缭绕，林木茂密，是大连的名山。大黑山的古迹众多，是大连的一座文化山，旧时的金州八景，该山就占了一半，它们是“响水消夏”（响水观）、“南阁飞云”（观音阁）、“朝阳霁雪”（朝阳寺）、“山城夕照”（卑沙城），其他的四景分别是“鲸台吊古”（钓鲸台）、“龙岛归帆”（龙王庙）、“佛洞滴泉”（古佛洞）、

“兜率晨钟”（玉皇庙）。

响水消夏 响水观位于大黑山的西北方，是最负盛名的道观。此观建于唐代。山门是歇山式两层砖楼，门楣上“响水观”3个字是早年住持道士张永祥所题。观内分南、北两个院，进入山门便是南院，这里的“后土殿”供奉着后土、女娲、观音3座神像。吴镜湖题写的楹联“坤德已通尘外意；慈云深接洞中天”挂在殿门两侧。殿左有一天然瑶琴洞，深40多米，有泉水从洞中涌出，泉水流经龙口，飞泻而下，注入蟾口，其声淙淙，故有金州八景之一的“响泉消夏”之美称。响水观北院有精舍数间，1925年仲秋，改良派领袖康有为来大连，曾到此浏览，为道士题七绝一首，刻于石壁上：

金州城外百果香，瑶琴洞内三里深。
尚记唐皇曾驻跸，犹留遗殿耐人寻。

农历四月十四是庙会的日子。响水观今已被列为市级文物保护单位。

郑有仁词曰：

道院净无烟，潺潺听响泉。这东山，异境天然。最是游人消夏处，琴洞外，画桥边。

入耳俗声湔，浑忘六月天。倦游时，石鼎茶煎。除却洗心轩上话，眠一觉，且听蝉。

南阁飞云 胜水寺又名观音阁，位于大黑山的东北方，是一座建于明代的佛寺。山门的楹联是“阁峻人随山月上；松高鹤带海云归”。巨大的隐仙洞遮掩着庭院，洞内的“无梁殿”供奉着释迦牟尼、文殊菩萨、普贤菩萨、十八罗汉诸神像。檐下挂着“一洞天”“慈云普度”的匾额。殿右的古井水质清洌，亘古不涸，“胜水”之名即来于此。胜水寺前方有一座8米高的南阁，供奉观音大士。登南阁，凭栏远眺，海天茫茫，云雾缭绕，金州八景之一的“南阁飞云”由此而来。农历三月十六是胜水寺庙会的日子。这里已被列为市级文物保护单位。

郑有仁词曰：

仙阁耸崔巍，新晴雨未稀。剩残云，槛外横飞。试看墙阴松湿处，相掩映，透朝晖。

和得篆烟霏，随柳曳缕稀。有时闲，去住忘机。客纵游来迷石磴，遮不断，磬音希。

朝阳霁雪　朝阳寺又称明秀寺，位于大黑山的西部，是建于明代的佛寺。这里背山朝阳，冬雪过后，阳光璀璨，更是一番奇景，被誉为“朝阳霁雪”。寺院三道山门，两进院庭，进入第三道山门，便是一排三栋大殿，泥塑神像，栩栩如生，雕梁画栋，五彩缤纷。大殿东侧有一尊硕大的观音像，慈眉善目，笑看天下，后壁上的二龙戏珠，威风腾空，更增添了这里的神秘色彩。朝阳寺 1993 年被列为市级文物保护单位。

郑有仁词曰：

古寺过朝阳，山山暮色苍。趁西风，瑞雪飘扬。僧踏琼瑶归路晚，云衲湿，燎锅旁。

晓起扫佛堂，经窗透日光。望前塘，梅折松僵。唯有喜晴檐际雀，飞上下，引空吭。

山城夕照　山城指卑沙城，是晋时高句丽统治辽东时期修筑的军事城堡，坐落在大黑山中、南两峰峰脊的悬崖峭壁之间，城墙高 3 米至 5 米，全长约 5000 米，用巨大的青灰色石灰岩筑成。卑沙城巍然屹立，蔚为壮观，夕阳辉映，轮廓分明，谷深莫测，暮色茫然，这便是“山城夕照”的由来。

朝阳霁雪

1956 年被列为省级文物保护单位。

卑沙城亦称卑奢城，是一座高句丽古城。在这里曾发生过两次战争。

第一次是在隋大业十年（614）二月，隋炀帝命右翊卫大将军来护儿率水师渡海，攻打卑沙城，斩杀高句丽千余人。高句丽国王高元惧怕再战，遣使乞降。

第二次是在唐贞观十九年（645）三月，唐太宗命刑部尚书、平壤道行军大总管张亮率舟师自东莱渡海攻打卑沙城，俘山城高丽兵民男女 8000 人，从此唐兵控制了山城。

郑有仁词曰：

大好黑山城，卑沙旧有名。对斜阳，一抹霞横。返照殷红煊碧草，城下路，认分明。

驱犊画中行，飞鸦石树争。照残些，宫殿唐营。石堞于今犹好在，刚豁眼，暮烟平。

鲸台吊古　钓鲸台位于金州至龙王庙公路旁，是一块两米见方的巨石，石头正面刻有“钓鲸台”3 个大字。古时这里是金州湾的海岸，传说有一仙人坐在这块巨石上钓得一只祸害百姓的长鲸，故名。这便是“鲸台吊古”的来历。而今海水西退，这里芦苇丛生。

郑有仁词曰：

千古一鲸台，登临亦壮哉。惜留题，字啮青苔。远接烟波滩外路，空依傍，北山隈。

鸥影漫相猜，月明自去来。几多时，青草渔鞋？对此不禁桑海感，车停处，久低徊。

龙岛归帆　龙王庙在钓鲸台西侧，建于明代，正殿三楹，殿堂壁画，精致传神，有较高的艺术价值。从精舍依窗西眺，烟波浩渺，渔帆点点，这便是“龙岛归帆”的景象。

郑有仁词曰：

览胜步龙岩，窗虚向壁间。望海天，一片云帆。影影如归犹未动，须待到，日西衔。

举网海风咸，波平镜出涵。傍回樯，语燕喃喃。次第蓬收船泊岸，沽酒酿，煮新蝛。

佛洞滴泉 古佛洞又名梦真窟、佛爷洞、神仙洞。位于金州城西北10里的北屏山西，是一个石灰岩溶洞。洞口刻有“古佛洞”3字。洞深数十米，洞内有3室，石佛20尊，为辽金时代雕刻，另有石鼓、石磬若干。洞中有泉水滴落，故名“佛洞滴泉”。今已被列为市级文物保护单位。

郑有仁词曰：

十里路萦湾，屏山古洞环。有如来，石像庄严。翅鸟翩翩疑解舞，又谁说，石顽坚？

泉滴俗尘删，仙音出壁间。鼓敲残，磬击娴娴。一抹水痕肩湿处，欣照彻，夕阳殷。

兜率晨钟 玉皇庙原在金州城西门外，庙内古柏茂盛，环境幽雅，兜率宫早晚敲钟报时108次，故名“兜率晨钟”。此景已毁。

郑有仁词曰：

古柏晚烟封，城西兜率宫。警痴聋，更响梵钟。余韵风传濠柳外，拦不住，过城墉。

夜色月溶溶，阴移殿阁重。万千家，睡破酣浓。百八时听僧棒击，除朔望，掩关镛。

老铁山灯塔

旅顺口老铁山角位于辽东半岛的最南端，延伸于黄海与渤海之中，这里是黄海与渤海自然分界线的北端，与山东蓬莱登州成为对角线，相距57海里。东边黄海是蓝色，西边渤海是黄色，这是海边地沟所形成的自然现象。黄海与渤海的潮水由两边涌来，在此形成一条交汇线。站在老铁山角上，就能清晰地看见黄、蓝分明的海面，浪涛汹涌，急流旋涡，发出震耳欲聋的轰鸣。正像渔谣所说：“无风三尺浪，有风浪三丈，谁过铁山角，就把命儿丧。”

著名的老铁山灯塔就建立在老铁山西南方一个海拔约86米的岬角上，因山得名。灯塔呈圆柱形，塔高14米，塔下是险峻陡峭的悬崖绝壁，绝壁下波涛滚滚，巍峨壮观。站在悬崖上，令人胆战心惊，头晕眼花。灯塔建于1893年，是清朝海关当局聘请英国人修筑的，灯体主机部件是1882年法国制造的。

历经1894年中日甲午战争，1898年被沙俄强占，1905年日俄战争后，又被日本占据40年，1945年日本战败投降，由苏军接管，直到1955年才收归我国，现属交通部管理。后来，灯塔以电灯代替了油灯，以电机代替了古老的机械传动，又新建了无线电指向标。

登上塔顶，海阔天空，万里波涛，汹涌澎湃，顿感心旷神怡，截然不同的黄、蓝海水呈现于眼前，海猫岛和蛇岛就在脚下。天晴时能看到隍城岛和蓬莱湾。入夜，灯塔强烈的光束时现时灭，划破夜空，指引着航船的航向。

老铁山灯塔

劳动公园

1898年，沙俄在绿山北麓辟建公园，因为地处市中心的西边，便命名为西公园。园内有苗圃、农业试验场、木亭，修筑了两间动物笼舍，饲养虎和熊，所以又称老虎公园。

日本占领大连后，对西公园进行了扩建，在园内修建了春日池、体育场、网球场、游泳池、棒球场、弓场、马场，以及温室、音乐堂、凉亭、相扑场、游览路等。1925年，公园南边为日俄辽南战役中阵亡人员修建了“忠灵塔”（1975年被拆除）。1926年，公园改称为中央公园，当时即被列为著名公园。1937年，日本殖民当局在塔前举行庆祝南京陷落大会，抗日志士查子香在此砍死日酋，轰动一时。

劳动公园旧照（图中左侧为忠灵塔）

大连解放后，公园一度更名为列宁公园，1949年定名为劳动公园，并将忠灵塔改名为五一塔。市政府号召全市人民开展修建公园的义务劳动，新建园门、草亭、曲桥、荷花池，树立“劳动创造世界”的大石碑，5月2日还举行了公园开园典礼和游园大会。

20世纪80年代以来，公园增添了园中园，安装了园灯，兴建了雕塑，新辟了儿童乐园，种植了名贵的雪松、龙柏等。

进入20世纪90年代，公园又进行了两期改造工程，新建的东大门占地面积3万平方米，铺装方砖4840平方米，绿化面积2.5万平方米，建成具有民族风格的花边图案模纹花坛、草花花坛和面积为160平方米的叠水池等。竹香园面积1万平方米。植物以崂山刚竹、剑麻为主，配以日本杜鹃，在园内草坪上放养着孔雀、鸽子、鹿和仙鹤。荟芳园有玉兰、花石榴。另外，公园内还辟有近5万平方米的游乐场。公园西侧是鹿鸣园，南侧的球形建筑艺术馆，面积2850平方米，分上、下两层，馆内展示着各种建筑模型、图片，还有一个大连市区的模型沙盘。公园现有树木103种3万株，其中有数株树龄超过了百年。

劳动公园位于大连市中心，面积约102万平方米，是功能比较齐全的综合性文化休闲公园。

胜利桥

沙俄强租大连后，改称“达里尼”，1899年年末，在俄罗斯大街（今上海路）与铁路交叉处修建了一座坚固的大木桥，桥下通行火车，桥上供车行人走。一年后大桥竣工，达里尼市市长萨哈洛夫将其命名为俄罗斯桥。大桥北面是沙俄达里尼市政厅（大连自然博物馆原址）和其他重要行政机关的所在地——行政区，桥南辟为欧洲人居住区。这座桥在疏通市内南北交通方面是非常重要的，它是沙俄在市内修建的唯一桥梁。日俄战争时，该桥被撤退的俄军部分毁坏。

日本占领大连后，将该桥更名为日本桥，桥名针锋相对，以显示胜利者的骄傲。1907 年，日本殖民当局对该桥进行了改建，改建后为米兰式钢筋砼五跨连续拱桥结构，桥长 108.6 米、宽 16.4 米，设计荷载 15 吨，这是大连市区内建造最早的钢筋砼结构桥梁。这座桥是通往大连北站、黑嘴子码头和东部港口的必经之路，著名的《泰东日报》就坐落在大桥南头东侧。1930 年，大桥南端建成大连中央邮便局（今大连市邮电局），这座四层高楼是大连著名的现代建筑之一。

日本投降后，为庆祝大连解放，改称胜利桥至今。自改革开放以来，大连经济迅猛发展，该桥车辆运输难以适应交通的需要，经常出现堵车现象，

俄罗斯桥（胜利桥）旧址

遂于1993年年末在桥体两侧增建了行人步行栈桥，使人车分流，各行其道，堵车的问题得到了缓解，后在桥的西侧又增建了一座大桥，堵车问题得到彻底解决。

胜利桥历经世纪风雨，目睹大连百年变迁，见证了这座城市历史的发展。

中山广场

1899年，沙俄在大连开港建市，东省铁路公司的总工程师萨哈洛夫和他的助手特莱寥辛工程师，仿照法国巴黎城区的模式，在市中心修了圆形广场，然后向四面八方辐射出大街。为了炫耀沙皇的功绩，将其定名为尼古拉耶夫斯卡娅大广场。该广场位于大连市中山路和人民路的接合部，中山区中心地带，为10条道路交会处，面积约2.2万平方米。

1904年日本占领后，改名为大广场。1914年7月，殖民当局在广场南面建立了一座日本首任关东都督府都督大岛义昌大将的铜像。这是大连历史上第一座铜像。日本战败后，国民政府推倒了铜像，为纪念孙中山先生，将广场更名为中山广场。

1949年后，中山广场进行了多次整修。1995年，大连市和中山区政府投资502万元，对广场进行改造。改造后的广场由三环组成：广场中心是圆形平台；二环是由8个五边形的草坪对等组成，围绕广场中心，二环与外环的中间有一圆环步道；外环是由4个大扇面草坪组成，环绕整个广场。十字步道贯穿广场中间，平台与步道铺设雪花黑白大理石。广场外环铺装红色和黄色步道砖。为残疾人铺设无障碍道口16处，在盲人道内铺装导向方砖。安装欧式照明灯具135组和音响1套，增设地下喷灌网络950延长米和旋转式喷灌设备24组，栽植外围绿篱521延长米。改称中山音乐广场。

改造后的中山广场，中心绿地与周围10栋建筑、10条马路相互辉映、浑然一体，显得十分明净、敞亮，给人以舒适、通透之感，呈现出集观赏、休闲、娱乐于一体的欧式格局，被市政府评为大连市最佳广场之一。

大连市役所旧址

中山广场的著名建筑

中山广场是沙俄1899年设计并修建的，当时名叫尼古拉耶夫广场。1904年日本占领后改称大广场。1945年日本投降，更名为中山广场。广场面积约2.2万平方米。以广场为中心向外辐射10条大街。围绕广场共有10栋建筑，其中有两栋是1949年后新建的，即3号英国领事馆已拆除，新建金融大厦；8号人民文化俱乐部。另外8栋是解放前建设的，其中1号、2号、4号为全国重点文物保护单位，5号、6号、7号、9号、10号为市级文物保护单位。

朝鲜银行大连支店旧址（今中国工商银行大连分行中山广场支行），中山广场1号，由中村与资平建筑事务所设计。建筑面积4925平方米，地上3层，地下1层，钢筋混凝土结构，古典复兴式建筑风格。正立面采用6根圆形克林斯柱式门廊，侧立面采用4根方形半扶壁柱。内部大厅巨柱擎顶，造型尺度粗大，形象浑朴、庄重。

大连民政署旧址（今辽宁省对外经济贸易厅办公楼），中山广场2号，1908年，由前田松韵设计。建筑面积3350平方米，地上2层，地下1层，

大连民政署旧址

朝鲜银行大连支店旧址

横滨正金银行大连支店旧址

砖石结构，哥特式文艺复兴建筑风格。正面对称，两端突出三角形山花，中央高耸尖塔，底层彩用连卷窗楣，上层窗采用柱式划分，红色墙面包着白色隅石与装饰线脚，有垂直向上的动感，建筑整体显得清俊挺秀。日本统治时，先是大连民政署衙署，1922 年改为大连警察署办公场所。

大和旅馆旧址（今大连宾馆），中山广场 4 号，详见本书前文记述。

大连市役所旧址（今中国工商银行大连分行办公楼），中山广场 5 号，建筑面积 9870 平方米，地上 3 层，地下 1 层，和风欧式折中主义建筑风格。日本统治时期原为大连民政署，后为大连市役所，即日本统治旅大时期的市政府。

东洋拓殖株式会社大连支店旧址（今交通银行大连分行办公楼），中山广场 6 号，1936 年竣工，由宗像主一建筑事务所设计承建。建筑面积 8105 平方米，地上 6 层，地下 1 层。西洋古典主义建筑风格，采用三段式设计手法，底层为拱窗，女儿墙和其细部都做了花饰处理，显得庄重典雅、富丽堂皇，中段墙面贴有装饰砖，显得简洁、明快。东洋拓殖株式会社大连支店主要从事不动产和企业金融业务，是一个与朝鲜银行和横滨正金银行鼎立的日本在东三省的中枢金融机构。

大清银行大连分行旧址（今中信实业银行大连中山广场支行），中山广场 7 号，由中国人设计、承建。建筑面积 1762 平方米，折中主义建筑风格，地上 3 层，地下 1 层，砖混结构，立面对称，中间突出，两侧屋顶为半圆形，中间为梯形，变化奇异，为典型的三段手法，层次跌宕，富有神韵。初称大清银行大连分行，1913 年改名为中国银行大连分行。

横滨正金银行大连支店旧址（今中国银行辽宁省分行），中山广场 9 号，由妻木赖黄、太田毅设计。建筑面积 2804 平方米，地上 2 层，局部 3 层，地下 1 层，钢筋混凝土结构。文艺复兴建筑风格，吸收拜占庭的建筑特点，建筑立面为五段划分，窗楣作为断裂山花，屋顶采用 3 个圆形穹隆，中间大，两边小，造型别致，设计新颖，色调醒目。

关东都督府邮便电信局旧址（今大连市邮政局办公楼），中山广场 10 号，建筑面积 2556 平方米，具有和风、欧式折中主义建筑风格。地上 2 层，地下 1 层。日本统治时该楼为大连递信局，后改为大连中央电报局、大连中央电话局。

地名探源

青泥洼

大连魏晋时称“三山”，三山即指今大连湾的三山岛。三山岛名声远播，是航海的天然标志，于是先民以山名为地名。

唐代初年，大连地区又称“三山浦”，三山浦与三山均指大连湾外的三山岛。唐代中期，又将三山浦改称“青泥浦”。青泥浦即指今大连青泥洼桥一带，这里的淤泥海滩，从海上看是一片青色，故称青泥浦，以地方特色得名。

明代，青泥浦又改称“青泥岛”。当时有个习俗，就是常把半岛上的邑镇叫作“岛”，而并非实际意义上的岛。

清代时今大连市区一带还只是一个荒凉、贫穷、闭塞的小渔村，因滩涂低洼、泥泞，呈乌色，因而得名“青泥洼”，这是以地域环境和自然情况来命名的。

当时在青泥洼北海边有东、西青泥洼两个渔村，东青泥洼村在今世纪街和人民路一带，有17户人家；西青泥洼村在今劳动公园北门外和中山路一带，有20多户人家，这在当时算是两个大村子。两村之间有一条河，流经今劳动公园荷花池，入大驴圈海口。

青泥洼沿海滩涂由东向西有四个海区：青泥洼北海（今大连港区海域）、青鱼口（今大连船舶重工集团有限公司海口）、大驴圈（今黑嘴子码头海口）、西河套（今大连港集团有限公司海口）。

青泥洼南边是一片崇山峻岭，人家很少，最南边的老虎滩只有6户人家。沙河口一带有些村落，但户数都不多，因此沙俄开发大连时，使役的工人都是从山东、河北一带招来的农民，大连有今天，不能忘了他们的贡献。

大连城建就是从这里开始的，所以青泥洼是今天大连市区的发祥地，没有它就没有大连。今天，青泥洼桥这个名字还在沿用。

达里尼

1896年6月3日，中俄双方签订了《中俄密约》。沙俄在《中俄密约》中表达出“借地修路”的野心，觊觎对中国东北领土的控制权。当时沙俄财政大臣维特就对李鸿章提出要在东省铁路某一点修一条铁路通向黄海边，其目的就是要寻找一个不冻港。

1897 年 11 月 6 日，德国借口传教士被杀，将舰队开进山东胶州湾，并占领胶州城（青岛）。沙俄早有预谋，趁机命令俄国舰队也对此立即行动。12 月中旬，5 艘俄舰便开进了旅顺口，并且欺骗清政府说：“俄舰开进旅顺口是为了帮助中国人摆脱德国人……只要德国人撤走，我们就撤走。”李鸿章深信不疑，指示旅大守将宋庆说：“俄船在旅，所有应用物件，随时接济，勿听将弁讹言，致启衅端。”

沙俄以武力为后盾，施展高压外交手段，迫使清政府接受了其无理要求。1898 年 3 月 27 日，李鸿章在北京同俄国代表签订了《旅大租地条约》，租借期为 25 年。沙俄企图在黄海边寻找一个不冻港的梦想终于变成了现实。维特将此电报转呈沙皇，尼古拉二世情不自禁欢呼起来：“太好了，简直令人难以相信！”

沙俄强租旅大后，维特按照沙皇的旨意，立即委派东省铁路公司副总裁盖尔别茨和建设局长尤高维奇，组织工程技术专家，前往大连湾实地勘测，准备在那里兴建一座国际大商港。勘测结果认为大连湾并非理想港址，最后选定大连湾东南的青泥洼东海岸作为国际大商港的港址。6 月 10 日，沙皇做了批复，正式发布建港命令。维特指定总工程师萨哈洛夫负责，经过一年规划准备工作，大商港的设计完成了。1899 年 8 月 11 日，沙皇发布敕令，宣布在大连湾附近兴建大商港和大都市，并命名该市为“达里尼”（Дальний，远方）。

9 月 28 日，建港工程正式启动，一个崭新的港城出现在中国辽东半岛的南端。沙俄殖民当局同世界一切殖民主义者一样，根本不考虑当地的历史传统和现实状况，摒弃了具有悠久历史的“青泥洼”这一名称，而是按照自己的意愿和需要，重新立名，以显示其大俄罗斯民族沙文主义的强权政治和长期霸占的野心。

“达里尼”这一名称的产生是有一个过程的，在《俄国末代沙皇尼古拉二世——维特伯爵的回忆》中，做了翔实的叙述，摘录如下：

> ……在大连湾建筑一个自由港，当我着手建筑这个港口的时候，出现了一个问题：这个港叫什么名称？
>
> 于是，我奉圣谕前去请教当时的科学院院长康斯坦丁·康斯坦丁诺维奇亲王……

我收到了这位亲王的一封来函，他给我开列了可以用来称呼这个港口的许多名称。比如函中说：可以用尼古拉皇帝的名字命名，称之为“圣尼古拉耶夫斯克”；也可以用“光荣”这个词命名，称之为“光荣港”；也可以用“光亮”来命名，称之为“曙光港”；也可以称为“阿列克谢耶夫斯克”，以纪念海军上将阿列克谢·亚历山德罗维奇亲王，因为这个港口是由亲王麾下的杜巴索夫将军指挥的一支小舰队占领的。

我把主尊的科学院院长开列的各个名称向住在彼得戈夫的皇帝陛下请示。

皇帝问我：“您认为这个港口应如何称呼？”

我回禀陛下说：“我觉得不应给这个港口取如此尊贵的名称，因为此港的前途未卜。由于它也许会使俄国名扬天下，也许将成为俄国蒙受大祸的根源，不如用一个较为平凡的名称更好。”

皇帝问我：“究竟称它什么好呢？”

我脑子一转，就说：“回禀陛下，不妨就称之为‘达里尼’。因为我们的士兵们都称它为‘达里尼’（远方），这样一个称呼将是符合实际情况的。因为这个港口离俄国实在远极了。”皇帝很喜欢这个名称，他说：“我也认为称它‘远方’最好。”

俄国人不仅把青泥洼改称“达里尼”，而且把旅顺口叫作“阿尔杜尔港”，还把旅大（包括旅、大、金）租借地命名为“关东州”（Квантунская область），后来日本殖民者也沿用了“关东州”这个令中国人反感的名称。

不论是“达里尼”，还是“阿尔杜尔港”“关东州”，都是殖民者强加给中国人的奇耻大辱，这是霸权者的霸道。

沙俄以殖民地化的手段建设大连市区，设计师就是当时达里尼市市长萨哈洛夫及其助手特莱寥辛和盖尔别茨，他们打算以法国巴黎为范本来建设城市。市街划分为行政市街、欧罗巴市街和中国市街三部分。欧罗巴市街以中山广场（时称尼古拉耶夫斯卡娅大广场）、港湾桥、人民路（时称莫斯科大街）、上海路和站前公园（时称欧罗巴市场）为中心地带。这里是欧洲人、俄国人的居住区，人民路在当时是商业街。行政市街在胜利桥一带，这里集中着沙俄大连殖民官署机构，中国市街则在西岗子北京街一带。

建城伊始，东省铁路公司收买了青泥洼 3300 公顷土地作为建城用地，将当地居民迁移到香炉礁、西岗子、刘家屯一带，又从山东、河北等地招来数万中国人建设大连。到 1904 年年初，大连经过 5 年的建设，共投入 800 万卢布，已形成近 6 平方公里、人口 4 万多、初具规模、为港口服务的城市雏形，其中中国人 2.6 万人，俄国人 1.4 万人，日本人 300 人，另有英、美、法、德等国人。当时的人民路宽阔整洁，两侧集中着外国的商行，有英国的旭升洋行、和记洋行，美国的茂生洋行、斯密坦商会，德国的万利洋行、哈利洋行、福来洋行，法国的门顿商会，俄国的道胜银行，还有邮政局、电报局、消防署和旅馆、医院。40 多条街上安装了 2000 多盏路灯。市内电话达 200 部，电话可直通旅顺。

当时大连的工厂有 50 多家，其中最大的是东省铁路公司的铸造厂、机车制作所（今中国中车大连机车车辆有限公司）、修船厂（今大连船舶重工集团有限公司南坞），三家工厂各有中俄工人近千人。另外有铁工厂、砖瓦厂、石灰厂、采石厂等工矿企业，还有钟表厂、面粉厂、酿酒厂、制盐厂、瓦斯厂、首饰厂、屠宰厂等轻工业制造厂。商店种类也很齐全，有成衣铺、洗衣店、理发店、照相馆、澡堂、刺绣店、书店、粮店、菜店、水果店、饮食店、鞋帽店、服装店、马车店、棉织店、绸缎店、茶叶店、日本货店，等等。新兴的大连市街已超过了旅顺口，取代了旅顺口的工商经济中心地位，成为辽东半岛上最大的近代化港口城市。

大连商港第一期（1899—1902）工程投资 1080 万卢布，沙俄在大连港建成栈桥码头（今二码头东侧），甲码头岸壁 1686 米，大码头（今一码头）南面一部分，水深 5 米；在码头上建成仓库 12 栋，总面积 14614 平方米；港内铺设双轨铁路，修建了入港运输道路、大栈桥办事处、轮船售票处、海关、检疫联合办公室。1903 年，大连港可同时停泊 25 艘千吨级海轮，全年挂港轮船 792 艘，有中、俄、日、英、美、德等国船员。有到上海、日本、朝鲜、海参崴及欧美诸港的航线，大连港已初步成为东方贸易大商港。

沙俄在建设大连港和街市的同时，又将东省铁路从哈尔滨向南延伸到旅顺口，修筑了南关岭到大连港的铁路线，1901 年 7 月通车。于是从大连可以北通俄国的远东中心站依尔库茨克，南行海路可以通达欧美诸国，大连成为沟通欧亚两大洲的海陆交通枢纽。

这就是 20 世纪初大连建城时的概况。

“大连”的由来

大连就建城来说，只有百余年的历史，是个年轻的城市。

据说，早在16世纪明万历年间，北京天主教教士柴伊士脱绘制的中国地图上，就标有Da Lian Wan，这是根据当地居民的口语标注的。1860年，英国人约翰·瓦特在辽东半岛绘制的海图，日本人译作《辽东大连湾海图》。清光绪五年（1879），在直隶总督李鸿章的奏折中，第一次出现了“大连湾”的字样。

大连湾名称的来源，说法有五：

一说大连湾口的三山岛有两岛相连，形似褡裢，人称褡裢岛，该岛附近的海域叫作“褡裢湾”。

二说南方客商来此贩卖褡裢，海湾便被称作“褡裢湾”，后改为大连湾。由物得名。

三说满语“达连”，即海的音译，大连湾由满、汉语结合而来。

四说连诸小湾为一大湾，故称大连湾，乔德秀的《南金乡土志》就提到这种说法。

五说湾内盛产牡蛎，俗称“大蛎湾”，以物得名，后演化成大连湾。此说颇有根据，1934年11月，为西岗商会副会长徐香圃竖立的纪念碑中，就有“大蛎湾”三个字。

大连湾海域辽阔，东起东嘴子，西至黄白嘴，海湾面积200平方公里。大连湾北岸有个大连湾村，1936年以前叫作柳树屯。1879年清政府在此设防，构筑工事并驻军，以保旅顺后路。1898年沙俄强租大连后，初拟在此兴建商港，后因港址不佳，改在青泥洼建港筑市，并把青泥洼改称为“达里尼”，意思是远离彼得堡的港城。

1904年，日俄战争爆发，沙俄战败。1904年5月30日，日本人兵不血刃地占领了达里尼。日本辽东守备军司令官男爵西宽二郎命令废除“达里尼”，自1905年2月11日（日本纪元节）起改称为“大连”。

同年9月5日，日俄在美国签订了《朴次茅斯和约》，和约规定俄国同意将旅顺口、大连湾及其附近领土和领水的租借权利，长春至旅顺口间的铁路及其支线和附属该铁路的一切权利、财产和煤矿均转让给日本。日本为了使从俄国手里夺得的特权合法化，1905 年 12 月 22 日，强迫清政府签订《中日会议东三省事宜条约》，其中有关大连的内容是清政府承认俄国将旅大租借地，长春至旅顺口间的铁路及其支线，以及相关的一切权利全部转让给日本。从此日本势力侵入东北三省，大连地区又沦为日本殖民地，长达 40 年之久。

1945 年 2 月，斯大林、罗斯福、丘吉尔三巨头在克里米亚签订《雅尔塔协定》。该协定为支持苏联参加对日作战，背着中国政府承诺“苏联应恢复 1904 年日俄战争前俄罗斯帝国之各项权利”。其内容是大连商港国际化，并保证苏联在这个港口的优惠，恢复租借旅顺港为苏联海军基地，对中东铁路和南满铁路实行中苏共管，并保证苏联的优惠。这便是 1945 年 8 月 14 日当时的国民政府与苏联签订的《中苏友好同盟条约》的主要内容，期限为 30 年。

中华人民共和国成立后，1950 年 2 月 14 日，中国政府与苏联签订了《中苏友好同盟互助条约》，并宣布上述条约失效。1950 年 12 月，大连市改称旅大市，取旅顺、大连的字头组成。

1954 年 10 月 12 日，《关于中苏举行会谈的公报》规定，驻旅顺口地区的苏军于 1955 年 5 月 31 日前，从旅顺口海军基地撤走，从此，旅大地区根绝了一切外国驻军，同时标志着大连彻底结束了不幸命运和多难的历史。1981 年 2 月 9 日，经国务院批准，旅大市改称大连市。

金　州

金州是辽东半岛南端一座著名的古城，自汉朝至清末，是州、县治所的所在地。金州东依肖金山，西濒金州湾，南屏南山，北接北大河。

远在汉武帝元封四年（公元前 107），定辽东郡 18 县时，其中沓氏县就设在今天的金州。这是金州历史上有记载的最早名称。

辽太祖神册四年（919），将南苏城（今辽宁新宾）的居民靺鞨人强迁至金州地区，并立苏州（从南苏来的人，故取“苏”字为州名）。这是金州历史上又一名称。

金皇统三年（1143），降苏州为化成县。

金州城南街

金代末年，贞祐四年（1216），升化成县为金州。金州之名始于此，至今已有800多年的历史。

为何取名金州，说法有三：

一说金州产金，以金为名。据查，金州确有金矿点，分布在杏树屯、二十里堡、亮甲店、登沙河一带，含金量极低。亮甲店金矿点在清末曾开采过，得金1416两。杏树屯金矿点也开采过，得金甚微。金州命名是在1216年，而金矿开采是在1862年，前后相差640余年，况且在金朝时是否知道地下有金呢？所以此说未必可靠。

二说是1216年，新兴的蒙古族挥戈南下，金王朝企图在金州一地设金城抵御蒙古骑兵，所以用“金”字来命地名，“金者，禁也”。这一说法过于牵强，一个小城岂能阻挡蒙古铁骑，又岂能用国名命城名？

三说是金州东边有座肖金山，以山得名。肖金山高158米，是一座普通山，没有特殊之处，不过用它来命名地名还是可能的。

复　州

复州历史悠久，是辽南的一座古城，一直是州、县治所的所在地，是州、县的政治、经济、文化中心。

复州在汉代称汶县。魏晋时称北丰县。辽太祖天显元年（926），耶律阿保机灭渤海国以后，担心女真为患，把扶余城（今吉林农安县）的强宗大户迁移到今天的复州城。移民为纪念祖籍，不忘故土，将此城命名“扶州”，后改为“复州”，这就是复州地名的由来。

复州在元时置万户府，明代设复州卫，清代设复州城守尉。20世纪初，由于南满铁路建成通车，瓦房店逐渐繁荣，代替了复州城。1913年，民国政府将复州改为复县，县治仍驻复州城。1925年，复县公署由复州城迁往瓦房店，复州城降为县辖的乡镇。现今是瓦房店市西部的重镇。

复州城残墙

普兰店

普兰店旧址

普兰店市由新金县改置。新金县一名源于金县。1945 年 8 月抗日战争胜利后，中共胶东区委根据形势的需要，决定将复县南部和金县北部地区划出一部分，创建一个县，取名新金县。“金”字表示原为清代金州厅辖地；冠以“新”字，以与毗邻的金县相区别。新金县成立之初，县政府在貔子窝。1958 年 11 月，县政府由貔子窝迁至普兰店镇。

普兰店是一座古城，为沈州（今沈阳）至金州重要的驿站。元代建有石城，城门的石额上凿刻“孛兰铺”3 个字，这是该地最早的名称。孛兰为蒙古族的姓氏之一，以姓氏为地名。至今在普兰店还有个孛兰村。此外，还曾经叫过勃兰堡、孛兰店、孛萝铺、捕拉店、博罗堡，大多与“孛兰”音相近。

1901 年，沙俄修建南满铁路，在此设站，将站名定为普兰店，这是俄国人按照孛兰的语音标定的，这便是今天普兰店名称的由来。

1958 年，县政府由貔子窝迁入普兰店后，普兰店逐渐发展成为新金县的政治、经济和文化中心。1991 年 11 月 30 日，撤县建市，以普兰店为市名，通行 46 年的“新金县”名从此消除。

2010 年，普湾新区成立。2014 年，普湾新区与金州新区、保税区合并成立金普新区。2016 年，普兰店撤市设区。

庄　河

庄河之名源于河流及船坞。

庄河附近的天秤山一带土岗子呈红色，旭日映照如丹霞铺地，故名红崖子。红崖子处在大东河与小寺河之间，两河入海口即为海港。明隆庆至万历年间，港口曾兴盛一时，南来北往的渔舟和商船纷纷溯河而上，在红崖河道停泊或装卸货物。天秤山东麓的大东河岸居民渐多，逐渐发展成一个村庄。因村旁河道浅水处钉有连排木桩以系船缆，故时人称此为“大河庄坞”，简称“大庄坞”。

清乾隆三十九年（1774）当地居民在大河庄坞之西岸建海神庙天后宫。工匠在铸钟时，将钟文落款“大河庄”误铸成“大庄河”，从此船坞易名“大庄河坞”，河流亦易名“大庄河”，简称“庄河”。至道光、咸丰年间，河道淤塞，舟船不能溯至大庄河坞，便改在天后宫前停泊。此处居民、店铺日渐增多，昔日小村渐而发展成为集镇，并以河名取代旧称红崖子。

庄河旧时属岫岩州管辖，曾是岫岩州滨海商业及海运重镇。清同治、光绪年间，海盗猖獗，1906 年 9 月，清政府设置庄河厅，以庄河命厅名。民国年间仍沿用庄河为县名。1992 年 9 月 21 日，撤县建市，仍以庄河为市名。

长海县岛名趣谈

长海县位于辽东半岛东南部黄海中，由 400 多个岛屿组成，陆域面积约 142 平方公里，跨海域 4000 多平方公里，海岸线长约 360 公里。

长海县各岛的名称始于明末，都是水手们起的名字。

大长山岛、小长山岛　水手从远处看这两个海岛像一道长长的山脉，于是就叫作长山。后来发现是一长一短两个海岛，为了区别，就把长的叫作大长山岛，短的叫作小长山岛。

塞里岛　该岛夹在大、小长山岛和哈仙岛之间，就像东西塞在里面，故名。

瓜皮岛　有个水手渴了，指着眼前的海岛对另一个水手说：“这个岛上有西瓜，吃上一顿该多好啊！”另一个水手嘲笑他说：“你还想吃西瓜？上去吃瓜皮吧！”于是就叫它瓜皮岛。

哈仙岛、格仙岛 庙上的守门神叫作哼哈二将，这两个小岛就像哼哈二将把守着大长山岛，水手就叫它们哈仙岛、哼仙岛，后来哼仙岛变成了格仙岛。

蚆蛸岛 该岛位于小长山岛的最东边，有把边的意思，后来将“把梢”写成“蚆蛸”，成了海洋生物。

乌蟒岛 该岛太小，遇上雾天就看不见了，叫作雾蒙岛，后来谐音乌蟒岛，有了神话味。

广鹿岛、獐子岛、大小耗子岛 都是根据岛上的动物、海岛的大小起的名字。

褡裢岛 一条沙岗连接两个小岛，就像褡裢，故名。

海洋岛 以其远在深广的海洋中而得名。

石城岛 因其岛上有建于唐代的石城而得名。现已划归庄河市管辖。

寿龙岛 本为瘦龙岛，因其不雅，改为寿龙岛，有长寿之意。

长海县 1953 年 1 月 31 日建长海县，“长”取长山列岛字头，“海”指县城由海岛组成，散列于黄海之中。

中山区

中山区位于市区东部，东、南、北三面临黄海，西接西岗区。解放前，中国人将这个地区叫作“东大连”（岭前除外）。以大广场（今中山广场）为中心的山县通（今人民路）、奥町（今民生街）、大山通（今上海路）、伊势町（今友好路）、信浓町（今民主广场至大连火车站段的长江路）、西通（今中山广场至青泥洼桥段的中山路）、播磨町（今延安路）、东公园町（今中山广场至三八广场段的鲁迅路）、土佐町（今五五路）等地方是大连的中心区域，中国人叫它“街里”。这里是日本人和其他外国人经营商业的重地，如大山通就聚集着许多大企业商号，像著名的日本三井物产株式会社、三菱商事株式会社、大阪商船株式会社、正金银行、东洋拓殖株式会社，英国的太古洋行、嘉利洋行、内门公司，俄国的比利洋行，希腊的卡瓦基斯商会，德国的伊利斯商会、赫尔斯坦商会，丹麦的宝隆洋行，美国的德士古洋行等。这里是日本人的居住区，房屋漂亮，街道整洁，生活设备齐全，又接近码头，进出日本方便。而其中浪速町是最热闹的商业街，几久屋、辽东旅馆、浪华洋行、大阪书屋、吴服店、龙口银行等，就设在这条街上。1937 年，

将其填埋。至于挖井人和挖井时间，现在很难说清楚了。

甘井子是大连有名的工业区，进入 20 世纪 30 年代，日本人在那里开发建设许多厂矿，其中较为著名的是 1930 年建成的甘井子煤炭码头及其专用铁路线，把从抚顺运来的煤炭在这里装船运往日本。1929 年修建的满洲制铁株式会社大连甘井子采矿所（今鞍钢集团矿业公司大连石灰石矿，已停产），开采的矿石供应鞍山昭和制钢所和抚顺水泥厂使用。1933 年，日本人投资 2500 万日元创建满洲化学工业株式会社大连工厂（今大化集团大连化工股份有限公司前身）。1934 年，日本四家财阀和伪满政府投资 500 万日元，创建满洲石油株式会社大连制油所。1938 年 4 月 15 日，大连抗日放火团成员吴成江和陈炳义放火烧掉了 6 万桶石油、石蜡，价值 700 万日元。1936 年，日本六家财团和伪满政府投资 800 万日元，创建满洲曹达株式会社大连工厂（今大连化学工业股份有限公司前身）。1935 年，日本人将创建于 1905 年的进和商会迁到这里，投资 1000 万日元，新建 14 个大型金属制造厂，生产各种金属部件。1938 年，日本人又将大华电气冶金株式会社迁到此地。

到了 20 世纪 30 年代后期，由于居民逐渐增多，甘井子成为大连北部重要的集镇。

1945 年 11 月，甘井子区政府成立。该区是大连市重工业中心和蔬菜生产基地，乡镇工业发达。

水师营

水师营北距旅顺口约 5 公里，因清政府在此设立水师营而得名。

清康熙五十二年(1713)九月，清政府设立水师营，驻兵 500 人，设协领(三品)1 员、佐领（四品）2 员、防御（五品）4 员、骁骑校（六品）8 员。建水师营房 1200 间，官员按级别分配住房：协领 20 间、佐领 15 间、防御 10 间、骁骑校 6 间、兵丁 2 间。水师营驻防设置十字大街，有官衙协领公署、佐领公署、防御公署、接管所等。

光绪六年（1880），清政府撤销旅顺水师营，筹建北洋水师，于是水师营不再含有任何军事意义，只是一个村落的名字。

20 世纪 30 年代，水师营的农商经贸最为繁盛，在十字大街两侧开设近 300 家店铺，还有定期的集市和庙会，尤其临近年关或庙会的日子，大街摊铺鳞次栉比，商品琳琅满目，人山人海，非常热闹。

这里经营绸缎的多为河北乐亭、天津宝坻人，俗称“老谭儿帮”。经营日用百货的多为山东福山的“黄县帮”。水师营的水质特别好，酿出的黄酒驰名辽南地区，有低度的青酒、中度的干酒和特醇的老酒，统称“老于榨”，仅黄酒馆就有20家，其中人和居、鸿盛居最有名。火烧铺、馒头铺有20家，最出名的是刘德谦的永发祥大糖火烧。

清军练兵遗址

水师营的旅馆业最早出现于清末，耿家店、王家店、杨家店，规模不大，半农半商。最早的浴池是裴家堂、乔家堂。照相馆有3家：中亚、天民、云波。理发馆有6家，当铺有2家，还有1家大烟馆瀛海楼。

20世纪30年代初期，水师营袁明起购进了第一辆大汽车，人称“大板车”。后来杂货商人徐克茂购进了第二辆大汽车，接着王恒顺创立大成德车行，经营3辆大汽车。再后来又有解家和朱家各购进1辆大汽车。

20世纪20年代初期，王家炉的王明宽购进了第一辆四轮客马车。他为人心灵手巧，自己先后制造、经营10多辆客马车，还组装了1辆玻璃马车，专供婚庆人家使用。后来他又购进了2辆小黑轿子，很是风光了一阵子。大连解放后，他的家业败落了。

水师营也有文化生活。王家班的皮影戏创立于清末，王家三兄弟都是皮影艺人，班主老五擅长吹唢呐，可惜的是后人都不喜欢这个行当，现在消失了。20世纪20年代中期，水师营有了照明电灯，于是出现了早期的无声电影。30年代末期，这里建起第一座戏园子——全乐舞台，园主穆传新十分敬业，演出京剧、评剧、话剧、杂技等，观众都是附近的村民，路远的要赶着大车来看戏。

蟠龙山的娘娘庙供奉天仙圣母娘娘。每年农历四月十八是庙会的日子，山上山下，人头攒动，熙熙攘攘，络绎不绝，这是一年中最难得的热闹景象。

水师营的历史文物还有龙引泉、会见所、俄军墓地、福音堂、公学堂等。十字街头的关老爷大庙建筑雄伟，有前后殿、钟鼓楼，早先有一对旗杆，后来被风刮倒一根，于是当地有了一句歇后语：老爷庙旗杆——独挑。1942年，日本警察清理街道卫生，责令庙前修鞋的老刁头搬走，他敢怒不敢言，便把心中的怒气怪罪到关老爷的身上，于是放火烧庙，结果庙没烧成，他被抓走了。这些事年轻人不知道，老年人也淡忘了，而今关老爷大庙早已被拆除。

辛寨子

辛寨子地处周水子国际机场之西，其地名来源有三说：

一说古代以天干记营寨序列，辛寨子位于旅顺南城之北的第八位古铺寨，因其位与天干的“辛”相配，故名辛寨子；

二说相传唐太宗征东，在此安营扎寨，在村中立了两通1尺粗、6尺高的石寨子，作为立旗、拴马之用，又因村中姓辛的人家多，故名辛寨子；

三说唐太宗征东，在此安营扎寨，其军队首领姓辛，故名辛寨子。

三种说法中，第一种说法最具说服力，《甘井子区志》中采用第一种说法。

革镇堡

革镇堡地处周水子与夏家河子之间，原名葛针堡，来源于物名。

传说清康熙年间，满族人在这里开荒种田，满山遍野荆棘丛生。满语称荆棘为葛针。古时，在革镇堡东西两侧修筑有烽火台古堡，故称此地为葛针堡。1905年，日本殖民当局在此立会，将葛针堡改写为革镇堡。

革镇堡土地瘠薄，素有“石板铺地、枣刺镶边”之说。石灰石蕴藏量较多，是水泥制品的原料。近海地区淡水资源不足，居民吃水比较困难，现在饮用自来水。

1985年革镇堡改为镇建制，面积约50平方公里，现在为革镇堡街道。

皮口

皮口是普兰店管辖的一座港口城镇。

明代，皮口称红嘴堡，其名称来源于临海处有一个红土岬角，城堡建在岬角之侧，故名红嘴堡。这座军事城堡的修建是为了防御日本海盗的侵扰。到了清代，红嘴堡改称貔子窝。传说明末平辽总兵官毛文龙在此抗击金军，发现遍地是貔子（即黄鼠狼），随口说道："此地真乃貔子窝也！"由此便叫作貔子窝，直到今天。

清代中期，山东移民来此居住并逐年增多，工商业随之繁荣，貔子窝一度同安东、柳树屯（今大连湾）、小平岛同为黄海沿岸的名港。沙俄自租借大连地区以后，修建大连港，铺设铁路，大连成了工商贸易中心，貔子窝便失去了往昔的繁荣景象。

清末，貔子窝属金州堆金社。沙俄租借时期，设置貔子窝市和貔子窝行政区，下设貔子窝抚民府，貔子窝行政区管辖 4 个乡 12 个村会 326 个村。日本殖民统治时期，设貔子窝民政支署，管辖 20 个会。

1905 年 8 月，金州警察支署长鹤岗永太郎诱杀了辽南义勇军首领马福连。翌年，马福连部下袭击了貔子窝警察支署，击毙日本警察 6 人，烧毁警察支署，这便是震惊日本殖民统治者的"貔子窝袭击事件"。

与貔子窝同时出现了另一个地名——貔口，这是因为貔子窝临近海口之故。这一地名叫起来比貔子窝简单顺口，越叫越响，越响越叫，久而久之，貔口便代替了具有 300 多年历史的貔子窝这一地名。但是"貔"字书写起来费事不便，便有人以"皮"代替了"貔"，约定俗成，在群众中形成了习惯。

貔子窝港

1965 年 8 月，辽宁省人民委员会正式批准将貔子窝改名为皮口。

1945 年 9 月新金县成立，貔子窝一度作为县政府所在地，1958 年 11 月，县政府移往普兰店镇。

皮口自改革开放以来，发生了天翻地覆的变化，农田开发工程、对外贸易和国际交往、城乡建设等都有了新的发展，皮口的矿泉水是闻名遐迩的。

城子坦

城子坦位于普兰店东南约 55 公里，碧流河口入海处，黄海之滨。

城子坦原称归服堡。明初，日本正处于南北分裂时期，战败的封建主和武士们流亡海上，组成海盗集团，骚扰中国沿海地区，沿海百姓深受其难。明朝政府为了抗击倭寇入侵，在城子坦修建城堡，派官兵驻守，使之成为辽东黄海沿岸抗击倭寇的据点之一。

该城堡周长 1500 米，临海筑有城门。归服堡东接黄骨岛堡（今英那河入海处），西连红嘴堡（今皮口），与大长山岛隔海相望，下有杨家套台等 9 座墩台。倭寇本来是些乌合之众，一击即溃，常被明军活捉，归服明朝，于是便把这座城堡命名为归服堡，以震慑倭寇，彰扬明军的威力。到了清代中期，城堡荒废，人们在这里设置村庄，便改称城子疃，意思是城堡里的村庄。

清末城子疃属于复州辖区。日本殖民统治时期属于关东州北部边境镇，划入貔子窝会辖区。解放后划归新金县，当地人将疃（tuǎn）读作坦（tǎn），为了书写简便，将“疃”改写为“坦”，有安定、平坦之意，于是城子疃改叫作城子坦。

城子坦现属于普兰店区下辖街道。

周水子

早年，周水子一带是一片涝洼地，长年积水，杂草丛生，蚊蝇成群，臭气熏天，所以当时被叫作臭水子。

当年沙俄在阎家坨子修的石灰窑就叫作臭水子石灰窑场。1920 年 5 月设立的邮电局也叫作臭水子邮电局和臭水子电话代办所。

周水子火车站

1920年，日本殖民当局开发此地，雇用中国劳工挖掘河沟，引臭水入海，洼地填平，变成了一片平地。从1921年起，这里便正式改称为周水子。为什么叫周水子呢？据说当时引水流经周家屯，加上周、臭二字音近，就用周水子来代替臭水子，所以此地以水得名。如今这条河水入海口的水域还叫作臭水套。

周水子一称已经有近百个年头了，现在许多人都不知道臭水子这段不雅的历史。从地名的改变可以看到周水子一带的发展变化。

自从周水子洼地改造完成之后，那里便陆续建立起许多工厂和厂用铁路，如“福纺”周水子纱厂、大连铁工所、安治川铁工所（此二厂为大连橡胶塑料机械股份有限公司前身）、李德尚的周水子机械所，等等。1949年后，周水子街道有很大的改观。居民区新建的楼房鳞次栉比，西北部为住宅区、商业区，东南部为工业区，有玻璃制品、机械制造、化工冶金、纺织制品等工业企业（现已陆续搬迁）。

南关岭与哈斯罕关

南关岭位于周水子北8公里处。

南关岭又称南关铺、难过岭、南三十里堡。

以金州为中心，南北各有一个三十里堡，时称南三十里堡、北三十里堡，而且又都是火车站。这种称谓既麻烦，又容易发生误会，于是在1919年11月，南三十里堡被改称为南关岭。

南关岭地名的来历是这样的：辽、金两朝为防止北方女真族人越海南下通宋，在金州城南土城子、后关村、前关村、前盐村地峡一带设置土石关隘，称哈斯罕关。这个关又叫合斯罕关、合思关、苏州关、化成关。南三十里堡就在哈斯罕关的南面，而且又处在山岭上，故名南关岭。

自 1920 年以来，南关岭历经设会、设区、设乡、撤乡等变迁，现为甘井子区下辖街道，是大连市重要的铁路枢纽和体育中心。

寺儿沟

寺儿沟地处大连最东端，东、北两边靠近黄海，西边与荣民街和春和街道为邻，南边连接转山街道，面积 5.2 平方公里，这就是现今的春海街道。

寺儿沟的名字始于 20 世纪初。当年沙俄在大连修建港城，急需一批熟练的建筑工人，尤其是海港建筑技工。那时旅顺口有一批旅顺军港修建者，居住在水师营寺沟一带。俄国人把他们征调到大连，全都聚居在离港口不远的东青泥洼海边。人们问起他们是哪里的人，他们便说自己是“寺儿沟”的人，日久天长这样说来说去，人们便习惯把他们住的地方叫作寺儿沟。这便是大连寺儿沟的由来，其实它是水师营寺沟的延续。

寺儿沟是大连劳工的聚集地，这是它的一大特点。日本人大连福昌公司（福昌华工株式会社前身）经理相生由太郎为了控制劳工，在这里修建红房子，专门用来收纳码头劳工，成为约 2 万劳工的栖身之所。红房子东边有一个“穷汉岭”，在棚厦里住着上万名来自山东的穷苦农民。他们有的和红房子劳工一样，在码头当装卸工，有的做商贩、捡破烂，过着社会最底层的生活。这里是大连四大贫民窟之一。寺儿沟劳工部落是历史的产物，提起它总是伴随着抹不掉的贫穷和苦难的阴影。

日本殖民统治初期，这里属老虎滩会寺儿沟区。解放后，大连市政府组建寺儿沟区，1950 年 12 月划归中山区，寺儿沟划为春海街道，设 23 个居民委，居民 4 万。改革开放以来，这里发生了天翻地覆的变化，高楼大厦拔地而起，东海明珠、蓝色海洋、碧海蓝天、北斗家园、环海公寓等高层建筑遍布其间，东海公园已经成为大连的一个新景点，吸引着众多游客前去观光。

至于旅顺水师营寺沟名称的由来，是因为那里在明代修建了一座天王寺，

寺儿沟劳工部落

人们称该地为“寺沟”，叫长了便成了“寺儿沟”。20 世纪 60 年代，天王寺做了猪场，现在已经不见了，但寺儿沟的地名仍保留着。

春　柳

春柳街道地处沙河口区北部。

春柳地名的由来是经过一番变化的。

20 世纪初年，春柳附近还是一片大海，住在这里的渔民为了拴船，就在今天本钢集团大连耐火材料有限公司一带，竖立许多柳木桩子，打鱼归来的渔民把渔船拴在桩子上，渔民们都叫它拴船柳，时间长了便成了地名，后来发生了音变，拴船柳叫成了三春柳，这就是三春柳地名的由来。春柳的称谓始于 1950 年年末春柳街道创建时，为了书写和说话的方便，就把“三”省略掉了。三春柳这个地名已经成了历史，现在很少有人知道它。

春柳填海造地工程始于 20 世纪 30 年代，日本殖民当局雇用中国工人就地取土填海，今天香炉礁臭水套一带的陆地都是填海而成的。

1949年前，春柳是贫民区，居民为工人、渔民、农民，大多来自山东、河北或其他地方。那时该地区有多处窑场，烧制砖瓦、花盆，因为这里盛产黄黏土。

中华人民共和国成立后，春柳发生了巨大变化，往日的贫民区已经盖上了高楼大厦，不可同日而语了。

香炉礁

1949年前，香炉礁同寺儿沟一样，都是外来劳工的聚集地、贫民窟。

香炉礁位于大连湾西南侧，东接民乐街道，北连工人村街道，西临车家村街道，南至哈大铁路线。日本殖民统治时期隶属沙河口会，1930年12月划归大连市街。解放后属沙河口区香炉礁街道，1969年8月划入西岗区管辖。

香炉礁名称源于大连造船新厂（今大连船舶重工集团有限公司）海边一块高达15米的礁石，其形状像香炉而得名。1973年，船厂修建船坞时，偌大的香炉礁被炸掉，今天只留下这个耐人寻味的美名了。该地的教育机构和工商企业仍然冠以“香炉礁”三个字，看来这“香炉礁”地名将同大连永存。

香炉礁居民村落的形成同大连港城的开发、建设是分不开的。19世纪末，沙俄在大连修建商港、城街、铁路，需要大批劳工。洼口公议会（大连市商会前身）总经理刘肇亿、协理张德禄都是大承包商，他们趁机前往山东、河北、河南一带招来许多民工。市中心的东部专供洋人居住，西部的西岗子是华商经营地段。刘肇亿把招来的民工，安置在香炉礁这片临海的荒滩上，他又出资修造了一批简易房，租给民工栖居。

1905年，日本占据大连后，满铁沙河口铁道工场、大连船渠和周家炉的顺兴铁工厂三大家年年扩厂招工，三家工厂规模都在千人以上，招来的工人沿袭旧规也都住在香炉礁。进入20世纪20年代，大连油坊业突飞猛进，油坊工人剧增，他们大都也住在这里。香炉礁工人越聚越多，原先的房子不够住，工人便自己动手，搭造了一些油毡纸压顶的棚厦子，一处接一处，质量低劣，不堪风雨，卫生条件极差，久而久之，这里便成了一个肮脏破烂的贫民窟。1945年大连解放时，这里的人口已达万人。

香炉礁地处沙河口和西岗子的边缘地带，老百姓都叫它“三不管”，其实日本殖民当局从来没放松对这里的监管。汉奸、巡捕经常在这里捕抓抗日分子、抓劳工、征税。藏身在这里的抗日志士巧妙地对付着汉奸爪牙，隐蔽地进行着地下活动，有些地下工作者白天在露天市场卖衣服，晚上在这里策划革命活动。

为了适应居民的生活需要，香炉礁也有一些低档次的店铺，包工头子在这里设立妓院、赌场、烟馆、饭馆、杂货店等。今天的香炉礁街、香一街和华北路交通岗一带，都是当年最热闹的地段。

改革开放以来，香炉礁改天换地，新楼拔地而起，一改往昔的破败旧象。香炉礁街道曾被誉为“中国辽宁第一街”。

侯家沟

侯家沟地处沙河口区的北部，华北路的西侧。

清康熙六年（1667），侯氏祖先侯世秋从山东即墨县携妻带子“闯关东”，来到这里安家落户，成了占山户，以姓命地，将此处叫作侯家沟。后来，侯世秋的次子侯玉与三子侯俊相继迁往金州华家屯和凌水子栾金村。今天侯家沟的侯氏诸民都是其长子侯显的后裔。大侯家沟即在中心医院周围，是侯氏家族的中心居住区。由于支脉繁衍旺盛，大侯家沟逐渐饱和，后代便向车家村一带延伸，就成了小侯家沟。在历史上，这里确实有一条侯家沟，它是大小侯家沟的分界线，雨季流水，旱季行车走人，即今天的沙城街。

300多年来，侯氏家族为大连的开发建设做出了贡献。尤其改革开放以来，侯家沟变化更大了。

20世纪20年代，侯家沟曾出现过一位著名的工人运动领袖侯立鉴（1891—1935）。他自小就在满铁沙河口铁道工场做工，受尽了日本人的欺凌，心中积满了民族仇恨。他在地下党的教育下，参加了共产党和大连中华工学会。他在“福纺”周水子纱厂组建工学会分会，出任分会委员长、党支部书记。1926年，他领导了震惊全国的“福纺”“四二七”大罢工。日本殖民当局将其逮捕，他在狱中坚贞不屈，毫不动摇，最终取得百日大罢工的完全胜利。他出狱后，远走黑龙江，参加苏联国际情报组，在复杂艰难的环境中身染不治之症，1935年6月故去，终年44岁。

小平岛

小平岛最早的名字叫作比顽崖，明代更名为小滨岛。当时习惯上把半岛也叫作岛，小滨岛实际上是伸入黄海的一个小半岛，形如鲸鱼尾。小滨岛叫久了便成了小平岛，这已是清代的事情了。

小平岛上山南坡钓鱼台有辽代石城，南、西、北三面是悬崖，这便是比顽崖的由来，东面有石砌的崖头，现在仅存1米。

小平岛本是一个渔村，自明嘉靖年间开海禁后，一直到清末，这里都是通往山东的水路要道和货物集散地，也是一个重要的渔港。清政府以及后来的俄、日殖民当局都曾在此设立过海关，想必那时这里是一番热闹的景象。自从大连港启用后，小平岛渐趋衰落。

小平岛上还有一棵古银杏树，那可是大连的稀有之物。

大连街名的日本化

1898年，俄国强租旅大后，将旅大改称为“关东州”，作为俄国远东的一个边疆省，又将青泥洼改称“达里尼”，意思是遥远的城市，将旅顺口叫作“阿尔杜尔港”。俄国在开发大连时，对新建的广场和街道全都冠以俄国名字，如中山广场叫作尼古拉耶夫斯卡娅大广场，人民路叫作莫斯科大街，长江路叫作克里乌斯科大街，上海路叫作乌伊茨泰大街，友好路叫作布劳斯别库街，民生街叫作阿列克谢耶夫大街，五五路叫作弗拉基米尔大街，胜利广场叫作基辅大街等。

日本占据大连后，于1905年2月11日，首先废除“达里尼”这一名称，改称大连，这个名称一直沿用至今。同时又继续使用俄国殖民地名称“关东州”，这是对大连、旅顺、金州整个租借地的称谓。

日本殖民当局企图永久占据大连，将大连日本化，除了西岗子中国人居住街道保留了原有的街名外，其余新建街道全部都用上了与日本有关的名称。命名方式大致有以下几种：

一、以日本天皇年号、陆海军将领的名字命名：明治町（取日本天皇年号，今三八广场至二七广场段的鲁迅路）、大正通（取日本天皇年号，今西安路）、乃木町（取日本第三军司令官名，今兆麟街）、儿玉町（取日本大本营总参谋长名，今团结街）、东乡町（取日本联合舰队司令长官名，今修竹街）、奥町（取日本第二军司令官名，今民生街）。

二、以日本军舰名命名：浪速町（今天津街）、吉野町（今中和街）、爱岩町（今同兴街）、敷岛町（今七一街）、须磨町（今丹东街）、朝日町（今朝阳街）、常盘町（今中山路）等。

三、以日本的地名命名：武藏町（今文林街）、萨摩町（今杏林街）、美浓町（今新安街）、磐城町（今天津街）、岩代町（今普照街）、佐渡町（今白玉街）、若狭町（今昆明街）、信浓町（今民主广场至大连火车站段的长江路）、但马町（今一德街）、淡路町（今安乐街）、能登町（今武汉街）等。

四、以日本的山川、岛屿命名（日本的军舰以山川、岛屿命名的很多，故有重复）：千代田町（今二七广场至春海街段的鲁迅路）、鹿岛町（今丹东街）、土佐町（今五五路）、八幡町（今自卫街）、飞町（今新生街）、伊势町（今友好路）、越后町（今玉光街）、对马町（今华昌街）、骏河町（今民康街）等。

五、以日本人喜欢的花草树木命名：柳町（今南山路）、樱町（今七七街）、楠町（今望海街）、桂町（今桂林街）、枫町（今枫林街）、水仙町（今云山街）、桔梗町（今大同街）、菖蒲町（今长春路）、白菊町（今对山街）、红叶町（今保健街）、芙蓉町（今联合路）、藤町（今白山路）、葭町（今连胜街）、葵町（今太原街）等。

六、以日本人的祈愿命名：大和町（今清爽街）、荣町（今通海街）、弥生町（今福寿街）、神明町（今解放街）、天神町（今独立街）、银座通（今荣盛街）、长者町（今民政街）、黄金町（今民胜街）、白金町（今连胜街）等。

七、以“台”命名，“台”在日语中指高地：松风台（今松风街）、秀月台（今秀月街）、向阳台（今向阳街）、樱花台（今智仁街）、青云台（今青云街）、桃源台（今桃源街）、光风台（今光风街）、长春台（今长春街）等。

1945年8月，日本战败投降，大连市人民政府铲除了日本殖民化的街名，更换了新名。

后　记

《文明寻脉·大连掌故》与读者见面了。

俗话说“好事多磨”，2007年《大连掌故》首版问世之前，磨了将近10年才终于和读者见面。读者会从这里了解和领略大连历史发展的轨迹。

我是大连人，出生于牧城驿，14岁那一年才知道自己是一个中国人，再也不做什么“州民”了。幸好这段灾难史早已成为过去。

大连是我的故土，对她我自有一份热忱，许久前就想写一部关于故乡的书。从青少年时期起，我就对地方史志有兴趣，并搜集了不少有关这方面的资料，退休后，即从花甲之年到耄耋之年的廿余年间，才集中精力从事地方史志的搜集、研究工作。幸承出版社之约，我终于实现了自己的愿望，甚感欣慰！我为了写好这部书，翻阅了许多书籍，搜集了大量材料，查访了一些知情人，整理成篇，分为历史风云、百业兴衰、人物春秋、文化掠影、名胜古迹、地名探源六个方面加以陈述，以展现大连从远古至中华人民共和国成立这段漫长久远的历史，且侧重在近、现代时期，这是大连历史的特点。

本书的时间下限定在1949年中华人民共和国成立前后，个别篇章因内容之需有所延伸。在编写和修订过程中，我参阅了相关的历史著作和研究成果，采用了大连市地方志办公室、大连档案馆、大连博物馆等研究单位和研究人员提供的历史照片，在此一并致谢。由于写作时间较长，历史跨度较大，史料相对匮乏，加之个人水平有限，本书必有疏漏之处，请读者指正。

作　者